Поклоняйтеся в дусі та правді

Духовне поклоніння

Доктор Джерок Лі

*«Але наступає година, і тепер вона є,
коли богомільці правдиві вклонятися будуть Отцеві в дусі та в правді,
бо Отець Собі прагне таких богомільців.
Бог є Дух, і ті, що Йому вклоняються,
повинні в дусі та в правді вклонятись».*
(Євангеліє від Івана 4:23-24)

Поклоняйтеся в дусі та правді, автор доктор Джерок Лі
Опубліковано видавництвом Урім Букс (Представник:Seongnam Vin)
73, Шіндебанзі 22, Донгйак Гу, Сеул, Корея
www.urimbooks.com

Авторські права заявлені. Цю книжку або будь-які уривки з неї забороняється відтворювати у будь-якій формі, зберігати у системі комп'ютера, зберігати у будь-якій формі та будь-яким способом: електронним, механічним, робити фотокопії, переписувати або користуватися для цього іншим способом без попереднього письмового дозволу видавця.

Якщо не написано інше, всі цитати із Біблії взяті з Біблії перекладу І.Огієнка.

Авторське право © 2017 Автор: Доктор Джерок Лі
ISBN: 979-11-263-0212-3   03230
Авторське право перекладу © 2011 Доктор Естер К. Чан. Використовується за дозволом.

Раніше видано корейською мовою видавництвом «Урім букс» у 2002 році у м. Сеул, Корея

Перше видання: Лютий 2017

Редактор: Доктор Геумсун Він
Підготовано до друку редакційним бюро Урім Букс
Надруковано компанією «Євон Прінтін»
Для більш докладної інформації звертайтеся: urimbook@hotmail.com

Передмова

Дерева акації зазвичай ростуть в ізраїльській пустелі. Ці дерева пускають коріння дуже глибоко у землю, шукаючи підземні води, щоби підтримати своє життя. На перший погляд акація добра лише у якості дров, але вона міцніша і твердіша, ніж багато інших дерев.

Бог наказав збудувати ковчег свідоцтва (ковчег заповіту) з акації, вкрити золотом і поставити у Святеє Святих. Святеє Святих – це священне місце, де живе Бог, і у яке дозволяється входити лише первосвященику. Крім того, людина, яка вкоренилася у Божому Слові, яке є життя, використовуватиметься Богом не лише як дорогоцінний інструмент, але також відчує багаті благословення у своєму житті.

Про це записано у Книзі пророка Єремії 17:8: *«І він буде, як дерево те, над водою посаджене, що над потоком пускає коріння свої, і не боїться, як прийде спекота, і його листя зелене, і в році посухи не буде журитись, і не перестане приносити плоду!»* Тут «вода» духовно означає Боже Слово, а людина, яка отримала такі благословення, високо цінитиме богослужіння, де проголошується Боже Слово.

Богослужіння – це обряд, під час якого демонструються повага і палке кохання до божества. Загалом, християнське богослужіння – це обряд, на якому ми дякуємо Богові і підносимо Його, являючи пошану, звеличуючи і прославляючи. У часи Старого Заповіту та у наш час Бог шукав і продовжує шукати людей, які поклоняються Йому в дусі та правді.

У Книзі Левит Старого Заповіту, записані детальні подробиці проведення богослужіння. Деякі люди вимагають саме такого поклоніння, оскільки у Книзі Левит записані закони про жертвоприношення Богові у Старому Заповіті. Книга не стосується нас сьогодні. Вона не може бути неправдивою через важливість законів Старого Заповіту щодо поклоніння, які втілені у сучасних способах поклоніння. Так само, як у часи Старого Заповіту, богослужіння у часи Нового Заповіту – це стежка, на якій ми зустрічаємося з Богом. Лише якщо ми дотримуємось духовного змісту законів Старого Заповіту щодо пожертвування, яке було бездоганним, так само ми можемо поклонятися Богові у часи Нового Заповіту в дусі та істині.

У даній книжці подані уроки, а також розповідається про важливість різноманітних пожертвувань, зроблених внаслідок вивчення питання про жертви цілопалення, хлібні жертви, мирні жертви, жертви за гріх та жертви провини, оскільки вони стосуються нас, тому що ми живемо у часи Нового Заповіту. Це допоможе детально пояснити, як ми повинні служити Богові. Щоби допомогти читачам зрозуміти закони жертвоприношення, у книзі подані кольорові малюнки панорамного вигляду скинії, внутрішнього вбрання Храму і Святого Святих, а також певних знарядь, пов'язаних з поклонінням.

Бог говорить нам: *«Будьте святі, Я бо святий!»* (Книга Левит 11:45; 1 Послання Петра 1:16), а також бажає, щоби кожен з нас у повній мірі розумів закон про жертвоприношення, записаний у Книзі Левит, і жив духовним життям. Сподіваюся, ви зрозумієте всі аспекти жертвоприношення часів Старого Заповіту і поклонятиметесь у часи Нового Заповіту. Я також сподіваюся, що ви переглянете характер свого поклоніння і почнете поклонятися Богові так, як подобається Йому.

В ім'я Господа нашого Ісуса Христа я молюся про те, щоби саме як Соломон догоджав Богові своєю тисячею жертв цілопалення, кожен читач цієї книжки був використаний, як дорогоцінний прилад для Бога, а також, наче дерево, посаджене біля води, щоби ви насолоджувалися благословеннями, які переливаються через край, віддаючи Богові аромат любові і вдячності, поклоняючись Йому в дусі та правді!

Лютий 2010
Доктор Джерок Лі

Зміст

Поклоняйтеся в дусі та правді

Передмова

Розділ 1
Духовне поклоніння, яке приймає Бог • 1

Розділ 2
Жертви Старого Заповіту,
про які написано у Книзі Левит • 19

Розділ 3
Жертва цілопалення • 45

Розділ 4
Принесення хлібної жертви • 73

Розділ 5
Мирна жертва • 91

Розділ 6
Жертва за гріх • 105

Розділ 7
Жертва провини • 123

Розділ 8
Повіддавайте ваші тіла на жертву живу, святу • 137

Розділ 1

Духовне поклоніння, яке приймає Бог

«Бог є Дух, і ті, що Йому вклоняються, повинні в дусі та в правді вклонятись».

Євангеліє від Івана 4:24

1. Жертвоприношення у часи Старого Заповіту і поклоніння у часи Нового Заповіту

Спочатку Адам, перший чоловік, створений Богом, мав безпосереднє і близьке товариство з Богом. Після того, як його спокусив сатана, і він зогрішив, безпосереднє спілкування з Богом було розірване. Для Адама і його нащадків Бог приготував шлях прощення і спасіння, відкрив шлях, через який вони могли відновити зв'язок з Богом. Такий шлях полягає у способах жертвоприношення у часи Старого Заповіту, який милостиво дав нам Бог.

Жертви у часи Старого Заповіту не були вигадані людьми. Їх дав і відкрив Сам Бог. Ми дізнаємося про це з Книги Левит 1:1 і далі: *«І кликнув ГОСПОДЬ до Мойсея, і промовляв до нього з скинії заповіту, говорячи...»* Ми також можемо пригадати жертви Авеля і Каїна, синів Авраама, які вони принесли Богові (Книга Буття 4:2-4).

Ці жертви відповідно до значення кожної, відповідають певним правилам. Вони поділяються на жертви цілопалення, хлібні жертви, жертви за гріх, жертви провини; і в залежності від тяжкості гріха і умов принесення жертви, люди могли приносити у жертву бичків, овець, кіз, голубів і муку. Священики, які виконували обов'язки принесення жертв, повинні були проявляти самоконтроль у своєму житті, бути розсудливими у поведінці, одягатися у спеціальний одяг – ефод, і приносити жертви, які були приготовані з надмірною турботою відповідно до встановлених правил. Процедура жертвоприношення була складною і чіткою.

У часи Старого Заповіту після того, як людина згрішила, вона могла звільнитися за викуп, принісши жертву за гріх, вбивши тварину, чия кров спокутувала той гріх. Однак кров тварин, яка приносилася з року в рік, не могла повністю звільнити людей від їхніх гріхів. Ці жертви були тимчасовою спокутою, а отже не бездоганною. Людина може повністю спокутувати свої гріхи лише власним життям.

У 1 Посланні до коринтян 15:21 написано: *«Смерть бо через людину, і через Людину воскресення мертвих»*. Тому Ісус, Божий Син, прийшов у цей світ у тілі і, бувши безгрішним, пролив Свою кров на хресті і там загинув. Оскільки Ісус став жертвою (Послання до євреїв 9:28), вже не має потреби у кривавих жертвах, які вимагають виконання складних і суворих правил.

Як читаємо у Посланні до євреїв 9:11-12: *«Але Христос, Первосвященик майбутнього доброго, прийшов із більшою й досконалішою скинією, нерукотворною, цебто не цього творення, і не з кров'ю козлів та телят, але з власною кров'ю увійшов до святині один раз, та й набув вічне відкуплення»*, Ісус виконав вічне відкуплення.

Завдяки Ісусу Христу ми більше не приносимо у жертву криваві жертви. Тепер ми можемо постати перед Ним і принести Йому живу і святу жертву. Це служіння поклоніння у часи Нового Заповіту. Оскільки Ісус приніс одну жертву за гріхи всіх часів, коли Його прибили цвяхами до хреста, і коли Він пролив Свою кров (Послання до євреїв 10:11-12), якщо ми повіримо від щирого серця, що ми викуплені від гріха, і приймемо Ісуса Христа, ми можемо отримати прощення гріхів. Це не церемонія, яка підкреслює вчинок, але прояв віри, яка походить від нашого серця. Це жива і свята жертва і духовна служба поклоніння (Послання до римлян 12:1).

Це не означає, що жертви часів Старого Заповіту було скасовано. Якщо Старий Заповіт – це тінь, тоді Новий Заповіт – це справжня форма. Оскільки за допомогою Закону закони Старого Заповіту про жертви вдосконалилися Ісусом у Новому Заповіті. У часи Нового Заповіту формальність замінилася службою поклоніння. Саме як Бог дивився на бездоганні і чисті жертви у часи Старого Заповіту, Йому догоджатимуть наші служіння поклоніння в дусі та правді у часи Нового Заповіту. Суворі формальності і процедури підкреслювали не лише зовнішні обряди, вони також мали глибоке духовне значення. Вони служать індикатором, за допомогою якого ми можемо перевірити своє ставлення до богослужіння.

По-перше, після винагороди або взяття відповідальності через вчинок за провини перед близькими, братами або Богом (жертва провини), віруюча людина повинна озирнутися на своє життя за останній тиждень, визнати свої гріхи і шукати прощення (жертва за гріх), а потім поклонятися з чистим серцем і абсолютною щирістю (жертва цілопалення). Якщо ми догоджаємо Богові, приносячи жертви, приготовані з абсолютною турботою і вдячністю за Його благодать, яка захищала нас протягом минулого тижня (хлібна жертва), а також розповідаємо Йому про бажання свого серця (мирна жертва), Він виконає бажання нашого серця і дасть нам силу і право подолати цей світ. Так само до служіння поклоніння у Новому Заповіті включений багатий зміст законів про жертви Старого Заповіту. Закони про жертви часів Старого Заповіту детальніше будемо вивчати починаючи з Розділу 3.

2. Поклоніння в дусі та правді

В Євангелії від Івана 4:23-24 Ісус говорить нам: *«Але наступає година, і тепер вона є, коли богомільці правдиві вклоняться будуть Отцеві в дусі та в правді, бо Отець Собі прагне таких богомільців. Бог є Дух, і ті, що Йому вклоняються, повинні в дусі та в правді вклонятись».* Це частина того, що Ісус говорив жінці біля криниці у самарійському місті Сіхар. Жінка запитала Ісуса, Котрий розпочав розмову з нею, попросивши води, про місце поклоніння, що давно було об'єктом цікавості (Євангеліє від Івана 4:19-20).

Поки юдеї приносили жертви в Єрусалимі, де

знаходився храм, самаряни поклонялися на горі Гарізім. Тому що коли Ізраїль було поділено на дві частини у часи правління Рехав'ама, сина Саломона, Ізраїль на півночі побудував висоту, щоби заблокувати людям шлях до Храму в Єрусалимі. Оскільки жінка знала про це, вона хотіла дізнатися про правильне місце поклоніння.

Для народу Ізраїлю місце поклоніння мало важливе значення. Оскільки Бог був присутній у Храмі, вони відділяли його і вірили у те, що він – центр всесвіту. Однак, оскільки найбільш важливим є те, з яким серцем людина поклоняється Богові, аніж місце поклоніння, коли Ісус явився як Месія, Він дозволив дізнатися про те, що розуміння поклоніння також необхідно відновити.

Що означає «поклонятися в дусі та правді?» «Поклонятися в дусі» означає сприймати як хліб Боже Слово, яке складається з 66 книжок Біблії за надихання і у повноті Святого Духу, і поклоніння від щирого серця разом зі Святим Духом, Котрий живе в нас. «Поклонятися в правді» означає разом з правильним розумінням Бога, поклонятися Йому всім тілом, серцем, волею, щирістю, віддаючи Йому з радістю, подякою, молитвою, хвалою, справами і пожертвуваннями.

Незалежно від того, чи приймає Бог наше поклоніння, воно не залежить від нашого зовнішнього вигляду або розміру нашого пожертвування, але від ступеню турботи, маючи яку, ми віддаємо Йому в залежності від своїх особистих умов. Бог охоче прийме і задовольнить бажання серця людей, які поклоняються Йому від щирого серця, і добровільно приносять Йому дари. Однак Він не приймає поклоніння зухвалих і нерозсудливих людей, які дбають лише про те, що подумають про них інші люди.

3. Поклоніння, яке приймає Бог

Люди, які живуть у часи Нового Заповіту, коли весь Закон виповнив Ісус Христос, повинні поклонятися Богові більш досконало. Це тому, що любов – найбільша заповідь, яку дав нам Ісус Христос, Котрий виконав Закон в любові. Тож поклоніння – це вираження нашої любові до Бога. Деякі люди сповідують свою любов до Бога вустами, але дивлячись на спосіб їхнього поклоніння часом стає сумнівним, чи насправді вони люблять Бога від щирого серця.

Якби ми зустрілися з людиною, яка вище нас за званням або старша за нас, ми би привели у порядок своє вбрання, ставлення і серце. Якби довелося подарувати тій людині подарунок, ми би підготували бездоганний подарунок з найбільшою турботою. Бог – Творець всього у всесвіті, Він достойний слави і хвали від Його творіння. Якщо ми повинні поклонятися Богові в дусі та правді, ми ніколи не зможемо бути зухвалими по відношенню до Бога. Ми повинні озирнутися на себе і проаналізувати, чи були ми зухвалими і впевнитися у тому, чи беремо ми участь у служіннях або поклонінні всім тілом, серцем, волею і турботою.

1) Ми не повинні запізнюватися на богослужіння.

Оскільки богослужіння – це церемонія, на якій ми визнаємо духовну владу невидимого Бога, ми визнаємо Його від усього серця лише коли дотримуватимемось правил і заповідей, які Він встановив. Тому вважається зухвалим запізнюватися на служіння незважаючи на причини.

Оскільки час богослужіння – це час, який ми обіцяли віддати Богові, ми повинні приходити раніше призначеного часу, присвячувати себе молитві і готуватися до служіння всім серцем. Якби нам довелося зустрітися з королем, президентом або прем'єр-міністром, ми би безсумнівно прийшли раніше і чекали б, приготувавшись завчасно. Тож чи можемо ми запізнюватися або поспішати на зустріч з Богом, Котрий незрівнянно прекрасніший і величніший?

2) Ми повинні цілком віддавати свою увагу проповіді.

Пастух (пастор) – це служитель, якого помазав Бог; його можна прирівняти до священика у часи Старого Заповіту. Пастух, котрий був поставлений для того, щоби проголошувати Слово зі священного олтаря, – це провідник, котрий веде отару овець на небеса. Тому Бог вважає зухвальство або непокору до пастуха зухвальством або непокорою до Самого Бога.

У Книзі Вихід 16:8 ми читаємо про те, що коли народ Ізраїлю нарікав на Мойсея і не погоджувався з ним, насправді робив це проти Самого Бога. У 1 Книзі Самуїловій 8:4-9 написано про те, що коли народ перестав коритися пророку Самуїлу, Бог поставився до цього як до непокори. Отже, якщо ви розмовляєте з тим, хто сидить поряд з вами, або якщо ваш розум заповнений марними думками, коли пастух повідомляє щось від імені Бога, – ви проявляєте свою зухвалість до Бога.

Дрімання або сон під час богослужіння – це також прояв зухвальства. Чи можете ви собі уявити, як буде неввічливо, якщо секретар або міністр заснуть на зборах, які влаштовує президент? Так само дрімання або сон у храмі, котрий є тілом Нашого Господа, – це прояв зухвальства до Бога, пастора, братів і сестер за вірою.

Також неприпустимо поклонятися зі зруйнованим духом. Бог не прийме поклоніння, яке ви пропонуєте Йому без вдячності і радості, але з горем або сумом. Тому ми повинні брати участь у богослужіннях з передчуттям послання, що походить від надії на небеса, і з серцем, вдячним за благодать спасіння і любові. Зухвалим вважається, коли ви трусите людину, яка молиться Богові, або намагається з нею заговорити. Так само, як ви не повинні переривати розмову зі старшою особою, вважається зухвальством переривати розмову людини з

Богом.

3) Неприйнятним вважається вживання алкоголю і паління тютюну перед богослужінням.

Бог не вважатиме гріхом неспроможність нового віруючого перестати пити і палити внаслідок його слабкої віри. Однак якщо людина, яка хрестилася і обіймає певну посаду у церкві, продовжує пити і палити, – це прояв зухвальства перед Богом.

Навіть невіруючі вважають неправильним іти до церкви напідпитку або щоби від них тхнуло тютюном. Коли людина обдумає багато проблем і гріхів, які походять від вживання алкоголю і тютюнопаління, вона зможе зрозуміти за допомогою істини, як поводитися, ставши дитиною Бога.

Паління стає причиною різноманітних видів раку, а отже має шкідливий вплив на організм. Споживання алкоголю може привести до інтоксикації, може бути джерелом неналежної поведінки і мови. Чи може віруюча людина, яка палить або вживає алкоголь, бути прикладом Божої дитини, чия поведінка може навіть знеславити Його? Тому якщо ви маєте істинну віру, ви повинні швидко позбутися колишніх гріхів. Навіть якщо ви початківець у вірі, ваші намагання позбутися гріхів минулого означають бути гідним перед Богом.

4) Ми не повинні відвертатися від богослужіння або

ганьбити його.

Храм – це святе місце, відділене для богослужіння, молитви і прославляння Бога. Якщо батьки дозволяють своїм дітям плакати, шуміти або бігати у церкві, діти заважатимуть іншим членам церкви поклонятися всім серцем. Це прояв зухвалого ставлення до Бога.

Також у храмі вважається нечемним сваритися, сердитися, обговорювати чийсь бізнес або зовнішні розваги. Жувати гумку, голосно розмовляти з людьми, котрі поряд з вами, підводитися з місця і виходити із храму посеред служіння також вважається проявом неповаги. Носити шапки, футболки, робочий одяг, шльопанці і кімнатні туфлі на богослужіння також є непристойним. Зовнішній вигляд неважливий, але внутрішнє ставлення і серце людини часто відбиваються на зовнішньому вигляді. Турботливість, з якою людина готується до богослужіння, проявляється у вбранні і зовнішньому вигляді.

Якщо ви розумієте Бога і Його бажання, це дозволяє вам поклонятися Йому духовно, що буде прийнятним для Бога. Коли ми поклоняємося Богові, догоджаючи Йому, коли ми поклоняємося в дусі та правді, Він дасть нам силу розуміння, так що ми зможемо закарбувати те розуміння вглибині свого серця, приносити багатий врожай і насолоджуватися дивовижною благодаттю і благословеннями, якими Він закидає нас.

4. Життя, відзначене поклонінням в дусі та правді

Якщо ми поклоняємося Богові в дусі та правді, наше життя відновлюється. Бог бажає, щоби життя кожної людини в цілому було життям, відзначеним поклонінням в дусі та правді. Як ми повинні поводитися, щоби поклонятися Богові у дусі, що Він охоче прийме?

1) Ми повинні завжди радіти.

Істинна радість походить не лише від причин бути щасливими, але навіть коли ми стикаємося з болючими і важкими проблемами. Ісус Христос, Якого ми прийняли як свого Спасителя, Сам є причиною для нашої постійної радості, тому що Він прийняв на себе всі наші прокляття.

Коли ми йшли шляхом руйнування, Він викупив нас від гріха, проливши Свою кров. Він забрав нашу бідність і хвороби на Себе, Він ослабив узи зла: сліз, болю, горя і смерті. Крім того, Він знищив владу смерті і воскрес, таким чином давши нам надію воскресіння, і дозволивши нам отримати справжнє життя і прекрасні небеса.

Якщо ми отримали Ісуса Христа за вірою як джерело радості, нам залишається лише радіти. Оскільки ми маємо прекрасну надію на життя після смерті, вічне щастя, навіть якщо ми не матимемо їж, якщо в нас буде купа проблем у сім'ї, і навіть якщо ми будемо потерпати від горя і страждання, якщо нас будуть переслідувати, все це насправді буде для нас несуттєвим. Оскільки наше серце, яке сповнене любові до Бога, не вагається, і наша надія на небеса не послабилася, радість ніколи не зникне. Тому коли наше серце наповнилося Божою благодаттю і надією на небеса, радість спалахує у будь-яку мить, і тоді труднощі швидше перетворяться на благословення.

2) Ми повинні безперестанку молитися.

Існує три значення виразу «безперестанку моліться». Перше – молитися систематично. Навіть Ісус протягом Свого служіння знаходив спокійні місця, де Він міг молитися «за звичкою». Даниїл регулярно молився тричі на день, а Петро та інші апостоли також обирали час для молитви. Ми повинні також молитися систематично, щоби мати досить молитви у своєму житті і щоби бути впевненими, що олія Святого Духу ніколи не вичерпається. Лише тоді ми будемо розуміти Боже Слово під час богослужіння і отримуватимемо силу жити за Словом.

Друге – «безперестанку молитися» означає молитися у час, не визначений розкладом або звичкою. Є моменти, коли Святий Дух змушує нас молитися поза часом, коли ми молимося систематично. Ми часто чуємо свідоцтва від людей, які уникли труднощів або були захищені і охоронялися від нещасливих випадків, коли вони були покірними в молитві у такі часи.

І останнє – «безперестанку молитися» означає

міркувати над Божим Словом вдень і вночі. Незалежно від того, де, з ким і яка людина може виконувати молитву, правда у серці повинна бути живою і активно виконувати свою роботу.

Молитва – це ніби дихання для нашого духу. Так само, як тіло помирає, коли дихання зупиняється, припинення молитви призведе до ослаблення і можливої смерті духу. Можна сказати, що людина «молиться безперестанку», коли вона не лише покликує у молитві у визначений час, але також коли вона роздумує над Словом вдень і вночі і живе за ним. Коли Боже Слово оселилося у серці людини, якщо людина товаришує зі Святим Духом, все у її житті процвітатиме, і її безсумнівно особисто вестиме Святий Дух.

Саме як у Біблії говориться про те, щоби ми «найперш шукали Царства Божого і правди Його», коли ми молимося про Боже Царство, Його провидіння і спасіння душ, а не про самих себе, Бог благословляє нас ще більше. Однак є люди, які моляться, коли їх спіткають труднощі або коли їм щось бракує, але потім вони роблять перерву у молитві, коли все спокійно. Є також інші люди, які старанно моляться, коли сповнюються Святим Духом, але роблять перерву у молитві, коли втрачають повноту.

Однак ми повинні завжди збирати свої серця і підносити Богові аромат молитви, яка подобається Йому. Ви можете уявити, наскільки це важко видавлювати слова проти волі і намагатися просто заповнити час у молитві, паралельно намагаючись подолати сонливість і марні думки. Тому якщо віруюча людина вважає себе такою, що має певну міру віри, однак досі має такі труднощі і вважає обтяжливим говорити з Богом, невже їй буде не складно визнавати свою «любов» до Бога? Якщо ви думаєте так: «Моя молитва духовно нудна і в'яла», перевірте себе, щоби зрозуміти, якими радісними і вдячними ви були.

Безперечно, коли серце людини завжди сповнене радістю і вдячністю, молитва буде відбуватися у повноті Святого Духу, вона не буде в'ялою, але досягатиме більших глибин. Людина не матиме відчуття, що вона неспроможна молитися. Навпаки, чим важчим стає життя, тим більше людина прагнутиме Божої благодаті, яка змусить її щиріше звернутися до Бога, і віра людини крок за кроком зростатиме.

Коли людина покликує у молитві з глибини душі безперестанку, вона приносить рясні плоди молитви. Незважаючи на будь-які випробування, які можуть спіткати нас, ми дотримуватимемось часу молитви. І в залежності від того, наскільки ми покликували у молитві, духовні глибини віри і любові зростуть, і ми також поділимося благодаттю з іншими. Тому ми обов'язково повинні молитися безперестанку в радості і з подякою, так щоби отримувати відповіді від Бога у вигляді прекрасних плодів у дусі і тілі.

3) Ми повинні дякувати в усьому.

Які причини ви маєте для подяки? Понад усе важливим є той факт, що ми, хто був приречений до смерті, отримали спасіння і можливість потрапити на небеса. Той факт, що ми отримали все, у тому числі наш хліб на кожен день і добре здоров'я, є достатніми причинами для нашої подяки. Крім того, ми можемо бути вдячними незважаючи на будь-які біди і випробування, тому що віримо у всемогутнього Бога.

Бог достеменно знає всі наші обставини, кожну нашу ситуацію і чує всі наші молитви. Якщо ми довіряємо Богові до кінця посеред будь-яких випробувань, він направить нас, щоби ми пройшли чудовим способом крізь усі ті випробування.

Коли ми засмучуємось в ім'я нашого Господа, або навіть коли нас спіткають випробування внаслідок наших помилок або провин, якщо ми дійсно довіряємо Богові, ми зрозуміємо, що єдине, що ми можемо робити, – це дякувати. Коли ми чогось потребуємо, або відчуваємо нестачу у чомусь, ми ще більше будемо вдячними за силу Бога, Котрий зміцнює слабких і робить їх досконалими. Навіть якщо реальність, з якою ми стикнулися, стає надто важкою, коли неможливо вирішити проблему і терпіти, ми зможемо дякувати, бо віримо в Бога. Якщо ми дякували за вірою до кінця, все обернеться на добро наприкінці і все перетвориться на благословення.

Завжди радіти, безперестанку молитися і дякувати за все – все це знаходиться на вимірювальній лінійці, за допомогою якої ми вимірюємо, скільки плодів ми принесли у дусі і у тілі у своєму житті за вірою. Чим більше людина намагається радіти незалежно від ситуації, сіяти зерна радості і дякувати від глибини свого серця, шукаючи причини для подяки, тим більше плодів радості і подяки ми принесемо. Те саме стосується молитви. Чим більше ми докладаємо зусиль у молитві, тим більше сили і тим більше відповідей ми зберемо у якості врожаю.

Отже, духовно служачи Богові щоденно так, як бажає Він, і таким способом, який догоджає Йому, протягом всього життя, коли ви завжди радієте, молитеся безперестанку і дякуєте (1 Послання до солунян 5:16-18), я сподіваюся, що ви принесете великі і багаті плоди у дусі і тілі.

Розділ 2

Жертви Старого Заповіту,
про які написано у Книзі Левит

«І кликнув ГОСПОДЬ до Мойсея,
і промовляв до нього з скинії заповіту, говорячи:
Промовляй до Ізраїлевих синів та й скажеш до них:
Коли хто з вас принесе жертву для Господа зо скотини,
то з худоби великої й худоби дрібної
принесете вашу жертву».

Книга Левит 1:1-2

1. Важливість Книги Левит

Часто говорять, що Книга Об'явлення у Новому Заповіті і Книга Левит у Старому Заповіті – найскладніші для розуміння частини Біблії. Тому, читаючи Біблію, деякі люди пропускають ці розділи, тоді як інші вважають, що закони про жертвоприношення зі Старого Заповіту не стосуються наших часів. Проте якщо ці книги нас не стосуються, тоді для чого Бог записав ці книги в Біблії. Оскільки кожне слово у Новому Заповіті, так само як у Старому Заповіті необхідне для нашого життя у Христі, Бог дозволив, щоби вони були записані в Біблії (Євангеліє від Матвія 5:17-19).

Закони про жертви з часів Старого Заповіту не повинні бути забутими у часи Нового Заповіту. Так само, як це стосується всього Закону, закони про жертви у Старому Заповіті також було виконано Ісусом у Новому Заповіті. Значення закону про жертви зі Старого Заповіту впроваджені у кожен крок сучасного богослужіння у Божому храмі, а жертви зі Старого Заповіту рівноцінні практиці сучасного богослужіння. Відколи ми правильно зрозуміємо закони про жертви зі Старого Заповіту та їхнє значення, ми зможемо мати скорочений шлях до благословень, на якому ми зустрінемо Бога і відчуємо Його, правильно розуміючи як поклонятися і служити Йому.

Книга Левит – це частина Божого Слова, яке стосується

всіх, хто вірить у Нього. Як написано у 1 Посланні Петра 2:5: *«І самі, немов те каміння живе, будуйтеся в дім духовий, на священство святе, щоб приносити жертви духовні, приємні для Бога через Ісуса Христа»*. Кожна людина, яка отримала спасіння через Ісуса Христа, може постати перед Богом, так само, як робили священики за часів Старого Заповіту.

Книга Левит поділяється на дві частини. Перша частина головним чином зосереджує увагу на тому, як прощаються наші гріхи. В основному вона містить у собі закони про жертви для отримання прощення гріхів. У ній також описуються кваліфікаційні вимоги і обов'язки священиків, відповідальних за жертви між Богом і людьми. Друга частина у більшій мірі описує гріхи, які Богом обраний народ, Його святий народ, ніколи не повинен вчиняти. Загалом, кожна віруюча людина повинна знати Божу волю, записану у Книзі Левит, де наголошується, як зберегти священні стосунки з Богом.

Закони про жертви у Книзі Левит пояснюють методику нашого поклоніння. Так само, як ми зустрічаємо Бога і отримуємо Його відповіді і благословення через богослужіння, люди у часи Старого Заповіту отримували прощення гріхів і відчували роботу Бога через жертви. Однак після смерті Ісуса Христа Святий Дух оселився в нас і нам було дозволено спілкуватися з Богом, коли ми поклоняємося Йому в дусі та правді посеред справ Святого Духа.

У Посланні до євреїв 10:1 написано: *«Бо Закон, мавши*

тільки тінь майбутнього добра, а не самий образ речей, тими самими жертвами, що завжди щороку приносяться, не може ніколи вдосконалити тих, хто приступає». Якщо існує форма, значить існує і тінь тієї форми. Сьогодні «форма» – це факт, що ми можемо поклонятися через Ісуса Христа, а у часи Старого Заповіту люди зберігали свої стосунки з Богом через жертви, які були лише тінню.

Жерти Богові повинні приноситися відповідно до Його правил. Бог не приймає поклоніння людини, яка робить це по-своєму. У Книзі Буття 4 ми читаємо про те, що Бог прийняв жертву Авеля, котрий виконав Божу волю, але він не зважив на жертву Каїна, котрий вигадав власні способи жертвоприношення.

Так само є поклоніння, яке догоджає Богові, і поклоніння, яке відбувається не за Його правилами а отже стало недоречним. У законах про жертви, записаних у Книзі Левит, подається практична інформація про поклоніння, яке догоджає Богові, завдяки якій ми можемо отримати Божі відповіді і благословення.

2. Бог покликав Мойсея зі скинії заповіту

У Книзі Левит 1:1 написано: *«І кликнув ГОСПОДЬ до Мойсея, і промовляв до нього з скинії заповіту, говорячи...»* Скинія заповіту – це мобільний храм, який сприяв швидкому руху народу Ізраїлю, який жив у пустелі і де Бог покликав Мойсея. Скинія заповіту – це намет, який складається зі святилища і Святого Святих (Книга Вихід 30:18, 30:20, 39:32 і 40:2). Вона також може називатися скинією, до якого входили також запони у подвір'ях (Книга Числа 4:31, 8:24).

Після Виходу та під час їхньої подорожі до ханаанського Краю, народ Ізраїлю провів довгий час у пустелі і мав постійно переходити з місця на місце. Тому храм, де проводилося жертвоприношення Богові, неможливо було побудувати на одному місці, то була скинія, яку легко було пересувати. Тому будову також називають «храмом скинії».

У Книзі Вихід 35-39 містяться особливі подробиці щодо будови скинії. Сам Бог дав Мойсею детальний план побудови скинії, а також які потрібно для цього використати матеріали. Коли Мойсей розповів громаді про те, які матеріали необхідні для будівництва скинії, люди охоче принесли велику кількість матеріалів: золото, срібло, мідь, різноманітні камені, блакитну, пурпурну і яскраво-червону матерію, чистий льон; принесли вовну козину, баранячу шкіру, тахашеві шкурки, так що Мойсею довелося стримувати людей, щоби вони не приносили більше нічого (Книга Вихід 36:5-7).

Скинія таким чином була побудована за допомогою дарів, принесених добровільно громадою. Для Ізраїльтян, які вийшли з Єгипту і втікали від ворога, наближаючись до ханаанського Краю, витрати на побудову скинії не могли бути малими. Люди лишилися без домівки і землі. Вони не могли накопичувати багатства, заробляючи сільським господарством. Однак, сподіваючись на обітницю Бога, Котрий сказав їм, що Він буде жити поміж них відколи оселя для Нього буде приготована, народ Ізраїлю приніс всі витрати і доклав зусиль з радістю і задоволенням.

Для ізраїльського народу, котрий так довго страждав від жорстокого поводження і важкої праці, було одне, чого він бажав найбільше – свобода від рабства. Так, вивівши народ з Єгипту, Бог наказав побудувати скинію, щоби жити поміж Свого народу. Народ Ізраїлю не мав причини для затримки, тому скинія була побудована з радісною відданістю, як основа Ізраїльського народу.

Прямо на вході всередині скинії – «святиня», а далі – «Святеє Святих». Це – найсвятіше місце. У Святому Святих знаходився ковчег свідоцтва (ковчег заповіту). Той факт, що ковчег свідоцтва, у якому було Боже Слово, знаходився у Святому Святих, служить нам нагадуванням Божої присутності. Тоді як скинія загалом була священним місцем, домом Бога, Святеє Святих – це місце, яке особливо виділялося і вважалося найсвятішим з усіх місць. Навіть первосвященикам дозволялося увійти у Святеє Святих лише один раз на рік для принесення жертви за гріх перед Богом за весь народ. Звичайним людям заборонялося входити всередину. Тому що грішники не можуть приходити до Бога.

Однак завдяки Ісусу Христу всі ми отримали право прийти до Бога. В Євангелії від Матвія 27:50-51 написано: *«А Ісус знову голосом гучним іскрикнув, і духа віддав... І ось завіса у храмі роздерлась надвоє від верху аж додолу, і земля потряслася, і зачали розпадатися скелі»*. Коли Ісус віддав Себе, загинувши на хресті щоби викупити нас від гріха, завіса, яка відділяла Святеє Святих від нас, розірвалася надвоє.

Про це детально написано у Посланні до євреїв 10:19-20: *«Отож, браття, ми маємо відвагу входити до святині кров'ю Ісусовою, новою й живою дорогою, яку нам обновив Він через завісу, цебто через тіло Своє»*. Те, що завіса розірвалася, коли Ісус приніс у жертву Своє тіло, віддавши його на смерть, означає, що стіна гріха між нами і Богом зруйнувалася. Тепер кожен, хто вірить в Ісуса Христа, може отримати прощення гріхів і стати на шлях, вимощений раніше Святим Богом. Тоді як раніше лише священики могли звертатися до Бога, тепер ми можемо мати близьке безпосереднє спілкування з Богом.

3. Духовне значення скинії заповіту

Яке значення має для нас сьогодні скинія заповіту? Скинія заповіту – це церква, де віруючі поклоняються у наш час, святиня – це тіло віруючих, які прийняли Господа, а Святеє Святих – це наше серце, у якому живе Святий Дух.

У 1 Посланні до коринтян 6:19 нам нагадується: *«Хіба ви не знаєте, що ваше тіло то храм Духа Святого, що живе Він у вас, якого від Бога ви маєте, і ви не свої?»* Після того, як ми прийняли Ісуса як свого Спасителя, ми отримали Святого Духа в дар від Бога. Оскільки Святий Дух живе в нас, наше серце і тіло – це святий храм.

Також у 1 Посланні до коринтян 3:16-17 читаємо: *«Чи не знаєте ви, що ви Божий храм, і Дух Божий у вас пробуває? Як хто нівечить Божого храма, того знівечить Бог, бо храм Божий святий, а храм той то ви!»* Так само, як ми повинні тримати видимий храм у чистоті і святості завжди, ми також повинні тримати своє тіло і серце чистими і святими завжди, тому що це – оселя Святого Духу.

Ми читаємо про те, що Бог знищить кожного, хто нищить Божий храм. Якщо людина – Боже дитя і прийняла Святий Дух, але продовжує знищувати себе, Святий Дух згасне і така людина не отримає спасіння. Лише коли ми зберігаємо святим храм, у якому живе Святий Дух, своєю поведінкою і своїм серцем, ми можемо досягти повного спасіння і мати безпосереднє і близьке спілкування з Богом.

Отже той факт, що Бог покликав Мойсея зі скинії заповіту, означає, що Святий Дух кличе нас із середини і шукає спілкування з нами. Нормальним для Божих дітей, які отримали спасіння, мати товариські стосунки з Богом-Отцем. Вони повинні молитися з допомогою Святого Духу і поклонятися в дусі та правді, маючи близьке товариство з Богом.

Люди у часи Старого Заповіту не могли спілкуватися зі Святим Богом щодо їхнього гріха. Лише первосвященик міг входити у Святеє Святих у скинії і приносити жертви Богові від усього народу. У наш час кожне Боже дитя може увійти у Храм для богослужіння, молитися і спілкуватися з Богом. Тому що Ісус Христос викупив нас від усіх гріхів.

Відколи ми прийняли Ісуса Христа, Святий Дух живе у нашому серці і вважає його Святим Святих. Крім того, саме як Бог покликав Мойсея зі скинії заповіту, Святий Дух покликує до нас із глибини нашого серця і бажає мати спілкування з нами. Дозволяючи нам чути голос Святого Духу і отримати Його керівництво, Святий Дух веде нас до життя в істині і розумінні Бога. Щоби чути голос Святого Духу, ми повинні викинути гріх і зло зі свого серця і стати освяченими. Як тільки ми досягнемо освячення, ми зможемо явно чути голос Святого Духу і матимемо великі благословення як у дусі так і у тілі.

4. Форма скинії заповіту

Форма скинії заповіту дуже проста. Потрібно пройти ворота шириною близько дев'яти метрів (приблизно 29,5 футів) на схід скинії. Після входу у зал скинії спершу необхідно буде пройти повз жертівник цілопалення,

Будова скинії заповіту

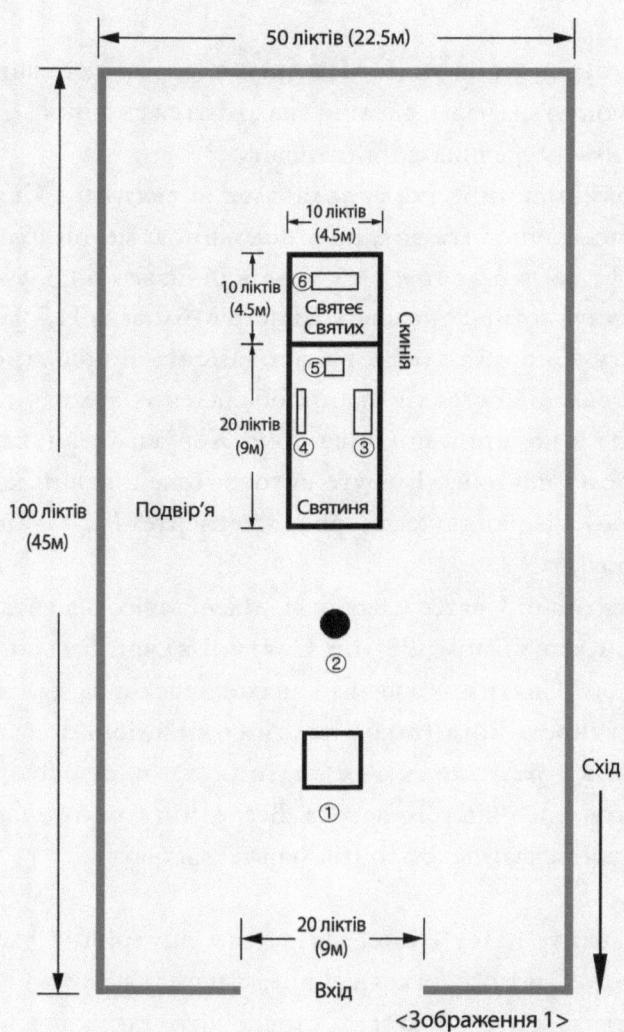

<Зображення 1>

Розміри
Подвір'я: 100 x 50 x 5 ліктів
Вхід: 20 x 5 ліктів
Скинія: 30 x 10 x 10 ліктів
Святиня: 20 x 10 x 10 ліктів
Святеє Святих: 10 x 10 x 10 ліктів
(* 1 лікоть = приблизно 17.7 дюймів)

Речі
① Жертівник цілопалення
② Вмивальниця
③ Стіл показних хлібів
④ Свічник зі щирого золотаg
⑤ Жертівник кадила
⑥ Ковчег свідоцтва (ковчег заповіту)

виготовленого із міді. Між цим олтарем і святинею є церемоніальна чаша, вдалині знаходиться святиня і Святеє Святих – серцевина скинії заповіту.

Розмір скинії, яка складається зі святині і Святого Святих, становить чотири з половиною метри (близько 14,7 футів) в ширину, 13,5 метрів (близько 44,3 футів) у довжину і чотири з половиною метрів (близько 14,7 футів) у висоту. Споруда стоїть на фундаменті зі срібла, стіни виготовлені зі стволів акації, обкладених золотом, а дах вкритий чотирма покривалами. Херувими виткані на першому покривалі, друге виготовлене з вовни козлів, третє – з баранячих шкурок, а четверте – зі тахашевих шкурок.

Святиня і Святеє Святих відділені завісою з витканим на ній херувимом. Розмір Святині вдвічі більший від Святого Святих. У святині знаходиться стіл для хлібів присутності Бога (також відомих як хлібів показних), свічник і жертівник для кадіння кадила. Всі ці речі виготовлені з чистого золота. Всередині Святого Святих знаходиться ковчег свідоцтва (ковчег заповіту).

Давайте підсумуємо. По-перше, внутрішня частина Святого Святих була священним місцем, у якому жив Бог, і ковчег свідоцтва, над яким стояло віко, також був у тому місці. Раз на рік у день спокути первосвященик входив у Святеє Святих і бризкав кров'ю на віко від імені людей щоби виконати спокутування. Все у Святому Святих було

Зображення

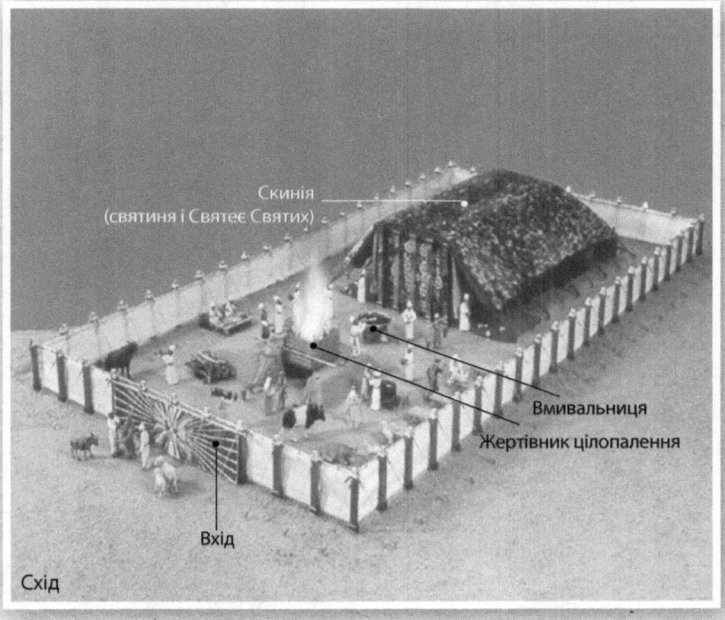

<Зображення 2>

Панорамний вид скинії заповіту

Всередині дворів розташований жертівник цілопалення (Книга Вихід 30:28), вмивальниця (Книга Вихід 30:18) і скинія (Книга Вихід 26:1, 36:8), у подвір'ях висить суканий вісон. Лише один вхід до скинії зі сходу (Книга Вихід 27:13-16), він символізує Ісуса Христа – єдині двері спасіння.

Зображення

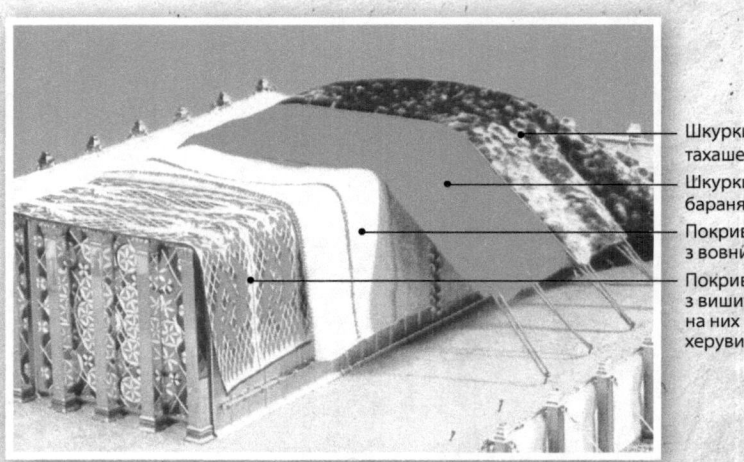

<Зображення 3>

Накриття для скинії

Чотири шари накриття над скинією.
Знизу були накриття з вишитими на них херувимами, зверху – накриття з козиної вовни, потім – шкурки баранячі, а зверху них – шкурки тахашеві. Накриття на Зображенні 3 показані так, що видно кожен шар. За накриттями видно запони для святині, які знаходяться перед святинею, а за запонами – жертівник кадила і запони для Святого Святих.

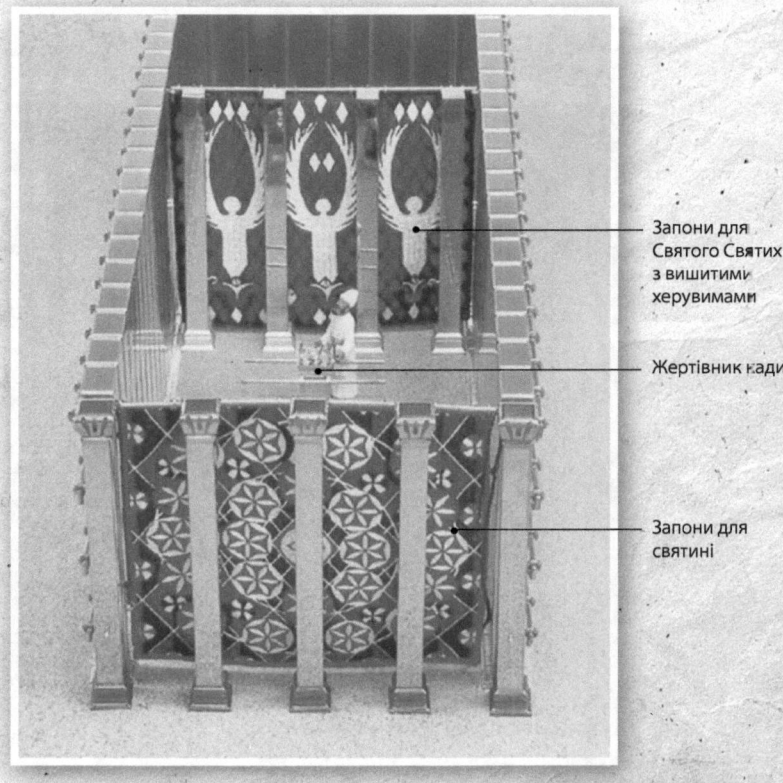

Запони для Святого Святих з вишитими херувимами

Жертівник кадила

Запони для святині

<Зображення 4>

Святиня з відкритими накриттями

Спереду – запони для святині, за ними видно жертівник кадила і запони для Святого Святих.

Зображення

<Зображення 5>

Внутрішнє облаштування скинії

Посередині святині знаходиться свічник зі щирого золота (Книга Вихід 25:31), стіл показних хлібів (Книга Вихід 25:30), а позаду – жертівник кадила (Книга Вихід 30:27).

Жертівник кадила

Стіл показних хлібів

Свічник

Зображення

<Зображення 9>

Всередині Святого Святих

Задньої стіни у святині немає, щоби було видно, що знаходиться всередині Святого Святих. Видно ковчег свідоцтва, віко, запони для Святого Святих навпроти задньої сторони. Один раз на рік первосвященик, одягнений у біле, входив у Святеє Святих і кропив кров'ю жертви за гріх.

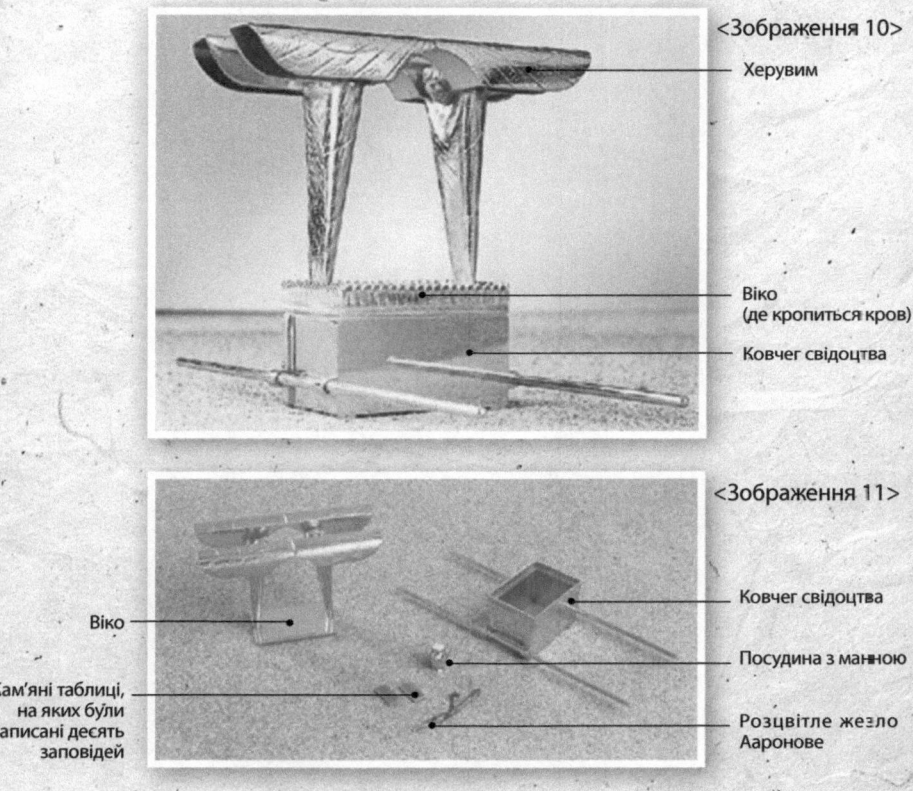

Ковчег свідоцтва і віко

Всередині Святого Святих – ковчег свідоцтва зі щирого золота, зверху над ковчегом – віко. Віко – накриття для ковчега заповіту (Книга Вихід 25:17-22), де раз на рік кропилася кров. З двох кінців віка зроблені два херувими, чиї крила затінюють віко (Книга Вихід 25:18-20). Всередині ковчегу заповіту – кам'яні таблиці, на яких записані десять заповідей, посудина з манною і розцвітле жезло Ааронове.

Зображення

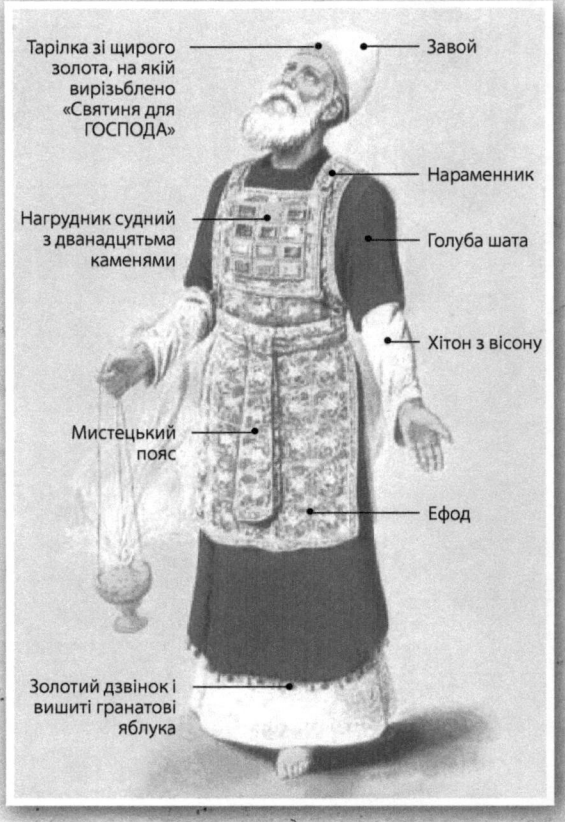

<Зображення 12>

Шати первосвященика

Первосвященик мав доглядати за храмом і стежити за жертвоприношеннями. Раз на рік він входив у Святеє Святих, щоби принести жертву Богові. Чоловік, який отримував пост первосвященика, повинен був мати урім та туммім. Ці два камені, які використовувалися для того, щоби дізнатися Божу волю, давалися до судного нагрудника, який первосвященик одягав зверху ефода. «Умім» означає світло, а «туммім» – досконалість.

прикрашене чистим золотом. Всередині ковчегу свідоцтва знаходилися дві кам'яні таблиці, на яких були записані десять заповідей, посудина з манною і розцвітле жезло Ааронове.

Святиня була там, де священик входив для принесення жертви, і там був жертівник на кадіння кадила, свічник і стіл показних хлібів, все виготовлене із золота.

По-третє, умивальниця, зроблена з міді. В умивальниці була вода, де священики мили свої руки і ноги перед тим, як увійти у святиню, або перед тим як первосвященик увійде у Святеє Святих.

По-четверте, жертівник цілопалення був виготовлений з міді і був таким міцним, що міг витримати вогонь. Вогонь на жертівнику «виходив від лиця ГОСПОДНЬОГО», коли скинія була завершена (Книга Левит 9:24). Бог також наказав, щоби вогонь на жертівнику горів постійно і щоби на ньому щодня приносилися у жертву дворічні агнці (Книга Вихід 29:38-43; Книга Левит 6:12-13).

5. Духовне значення принесення у жертву бичків і ягнят

У Книзі Левит 1:2 Бог сказав Мойсею: *«Промовляй до Ізраїлевих синів та й скажеш до них: Коли хто з вас принесе жертву для ГОСПОДА зо скотини, то з худоби великої й худоби дрібної принесете вашу жертву»*. Під час богослужіння Божі діти приносять Йому різні жертви. Окрім десятини є жертви подяки, тлумачення і заспокоєння. Однак Бог наказує, що якщо хтось принесе Йому жертву, то ця жертва повинна бути «з худоби великої й худоби дрібної». Оскільки цей вірш має духовне значення, ми не повинні робити буквально те, що тут сказано, але спочатку повинні зрозуміти духовне значення, а потім діяти відповідно до Божої волі.

Яке духовне значення криється тут, у принесенні у жертву з худоби великої і худоби дрібної? Це означає, що ми повинні поклонятися Богові в дусі та правді і віддавати себе як живу і святу жертву. Такою є «розумна служба» (Послання до римлян 12:1). Ми завжди повинні пильнувати у молитві у дусі перед Богом не лише під час богослужіння, а також у повсякденному житті. Тоді наше богослужіння і всі наші жертви будуть передані Богові як жива і свята жертва, яку Бог вважатиме «розумною службою».

Чому Бог наказав народу Ізраїлю приносити Йому у жертву бичків і ягнят? Бички і ягнята серед усіх тварин більше нагадують про Ісуса, Котрий став мирною жертвою для спасіння людства. Давайте розглянемо, чим подібні «бички» до Ісуса.

1) Бики носять ноші людей.

Так само як бики носять ноші людей, Ісус поніс нашу ношу гріха. В Євангелії від Матвія 11:28 Він говорить нам:

«Прийдіть до Мене, усі струджені та обтяжені, і Я вас заспокою!» Люди докладають зусиль і дуже стараються, щоби досягти багатства, слави, знання, популярності, престижу і влади, а також всього, чого бажають. На вершині різних видів тягарів, які несе людина, є тягар гріха, життя людини сповнене випробувань, страждань і мук.

А Ісус бере на Себе ноші і тягарі людей, ставши жертвою, проливши кров спокути, загинувши на дерев'яному хресті. Маючи віру в Господа, людина може вивантажити всі свої хвилювання і тягарі гріха, насолоджуватися миром і спокоєм.

2) Бики не завдають труднощів людям, вони лише приносять користь.

Бики не лише працюють для людей у покорі, але також дають м'ясо, шкіру, корови дають молоко. Від голови до копит немає жодної частини, яка би була некорисною для людини. Так само Ісус приніс людям лише користь. Проповідуючи Євангеліє небес бідним, хворим і залишеним, Він дав їм спокій і надію, ослабив ланцюги аморальності, зцілив хвороби і недуги. Навіть якщо Ісус не міг спати або їсти, Він намагався навчати Божому Слову кожну душу, так як Він міг. Пожертвувавши Своїм життям і загинувши на хресті, Ісус відкрив шлях спасіння грішникам, приреченим потрапити у пекло.

3) Люди живляться м'ясом биків.

Ісус дав людині Своє тіло і кров, щоби вона могла зробити з них хліб. В Євангелії від Івана 6:53-54 Він розповідає нам: *«Якщо ви споживати не будете тіла Сина Людського й пити не будете крови Його, то в собі ви не будете мати життя. Хто тіло Моє споживає та кров Мою п'є, той має вічне життя, і того воскрешу Я останнього дня».*

Ісус – це Боже Слово, яке у тілі прийшло у цей світ. Тому їсти тіло Ісуса і пити Його кров означає робити хліб із Божого Слова і жити за ним. Так само, як чоловік може підтримувати життя, коли їсть і п'є, ми можемо отримати вічне життя і потрапити на небеса лише якщо будемо споживати Боже Слово і робитимемо з нього хліб.

4) Бики орють землю, перетворюючи її на родючий ґрунт.

Ісус зрощує серце-ґрунт людини. В Євангелії від Матвія 13 є притча, у якій серце людини порівнюється з чотирма різними видами ґрунту: той, що при дорозі, кам'янистий, порослий тереном і гарний ґрунт. Відколи Ісус звільнив нас від усіх наших гріхів, Святий Дух оселився у нашому серці і дає нам силу. Наше серце може перетворитися на гарний ґрунт за допомогою Святого Духу. Оскільки ми віримо у кров Ісуса, Котрий дозволив нам отримати прощення за всі наші гріхи і старанно покоряємося істині, наше серце перетвориться на родючий, багатий і гарний ґрунт, і ми зможемо отримувати благословення у дусі і тілі, збираючи у 30, 60 та 100 разів більше від посіяного.

Чим подібні ягнята до Ісуса?

1) Ягнята лагідні.

Говорячи про лагідних або добрих людей ми часто порівнюємо їх з ягнятами. Ісус – найлагідніший з усіх людей. У Книзі Пророка Ісаї 42:3 читаємо про Ісуса: *«Він очеретини надломленої не доломить, і ґнота тліючого не погасить, буде суд видавати за правдою»*. Навіть злочинців, або збоченців, або тих, хто покаявся, але повторно грішить, Ісус терпить до кінця, чекаючи, коли вони відійдуть від своїх злочинних справ. Незважаючи на те, що Ісус – Син Бога-Творця і має владу знищити все людство, Він терпить нас і являв Свою любов навіть коли злочинці розпинали Його.

2) Ягня покірне.

Ягня покірно ходить всюди за своїм пастухом і спокійне навіть під час стрижки. Як написано у 2 Посланні до коринтян 1:19: *«Бо Син Божий Ісус Христос, що ми Його вам проповідували, я й Силуан, і Тимофій, не був Так і Ні, але в Нім було Так»*. Ісус не наполягав на Своїй волі, але був покірний Богові до смерті. Протягом всього життя Ісус ходив лише у ті місця, які обирав для Нього Бог, і робив лише те, чого від Нього бажав Бог. Наприкінці, хоча Він добре знав про загрозу муки на хресті, Він переніс це з покорою щоби виконати волю Отця.

3) Ягня чисте.

Ягня – це однорічний самець, який ще не має потомства (Книга Вихід 12:5). Ягня у такому віці можна порівняти з граною чистою молодою людиною, або з безгрішним і бездоганним Ісусом. Ягнята також дають шерсть, м'ясо і молоко. Вони ніколи не шкодять людям, а лише приносять користь. Як згадувалося раніше, Ісус віддав Своє тіло і кров, дав нам Себе до останнього. Повністю покоряючись Богові-Отцеві, Ісус виконав Божу волю і зруйнував стіну гріха між грішниками і Богом. Навіть у наш час він постійно зрощує наші серця, щоби вони перетворилися на чистий і родючий ґрунт.

Так само, як людина звільнялася від гріхів за допомогою биків і ягнят у часи Старого Заповіту, Ісус приніс Себе у жертву на хресті і набув вічного відкуплення за допомогою Своєї крові (Послання до євреїв 9:12). Оскільки ми віримо у цей факт, ми повинні чітко розуміти, як Ісус став жертвою, гідною для Бога, так щоби ми завжди залишалися вдячними за любов і благодать Ісуса Христа, і наслідували Його життя.

Розділ 3

Жертва цілопалення

«А його нутрощі та голінки його обмиє водою.
І священик усе те спалить на жертівнику,
це цілопалення, огняна жертва,
пахощі любі для ГОСПОДА».

Книга Левит 1:9

1. Значення жертви цілопалення

Цілопалення, найважливіша жертва, про яку написано у Книзі Левит, – найстаріша з усіх видів жертвоприношення. Слово «цілопалення» означає «дозволити піднятися». Цілопалення – це жертва, яка кладеться на жертівник і повністю знищується вогнем. Вона символізує повну жертву людини, її відданість і добровільне служіння. Догоджаючи Богові приємним ароматом печеної тварини, принесеної у жертву, цілопалення – це найпростіший спосіб жертвоприношення. Він служить символом того факту, що Ісус поніс наш гріх і віддав Себе у повну жертву, таким чином ставши приємними пахощами для Бога (Послання до ефесян 5:2).

Ми догоджаємо Богові ароматом. Але це не означає, що Бог відчуває аромат тварини, яку принесли у жертву. Це означає, що Він приймає аромат серця людини, яка принесла жертву для Нього. Бог досліджує, наскільки людина боїться Бога, маючи любов, людина приносить жертву Богові. Тоді Він приймає відданість і любов тієї людини.

Вбити тварину для того, щоби віддати її Богові як жертву цілопалення, означає віддати Богові своє життя і виконати всі Його накази. Інакше кажучи, духовне значення цілопалення полягає у тому, щоби жити святим життям за Божим Словом, приносячи Йому у жертву всі аспекти свого життя чистим і святим способом.

В умовах сьогодення це вираження нашого серця, яке обіцяє віддати своє життя Богові відповідно до Його волі, відвідуючи богослужіння на свято Великодня, Свято урожаю, День подяки, Різдво та щонеділі. Якщо ми поклоняємося Богові щонеділі і святимо день Господній, це служить доказом того, що ми – Божі діти, і що наш дух належить Йому.

2. Жертва для цілопалення

Бог наказав, що жертва для цілопалення повинна бути «самцем безвадним», що є символом бездоганності. Чому саме самець? Тому що, як правило, вони вірніші своїм принципам, ніж представники жіночої статі. Вони не вагаються, не відхиляться вліво або вправо, не хитрують і не вагаються. Також той факт, що Бог бажає, щоби жертва була «безвадною», означає, що людина має поклонятися Йому в дусі та правді і не повинні поклонятися Йому зі зруйнованим духом.

Коли ми робимо подарунки своїм батькам, вони з радістю приймають їх, якщо ми робимо це з любов'ю і турботою. Якщо ми даруємо неохоче, наші батьки не можуть це сприймати з радістю. Так само Бог не сприйматиме поклоніння Йому, якщо у ньому немає радості, воно пронизане втомою, сонливістю і марними думками. Він з радістю прийме поклоніння лише коли глибини нашого серця будуть сповнені надії на небеса, подякою за благодать спасіння і любов'ю нашого Господа. Лише тоді Бог допоможе нам уникнути спокуси і страждань і дозволить нам процвітати в усьому.

«Ягня», яке Бог наказав принести у жертву у Книзі Левит 1:5, означає молоду тварину, яка не мала потомства і духовно означає чистоту і незайманість Ісуса Христа. Отже у цьому вірші передається бажання Бога про те, щоби ми постали перед Ним з чистим і щирим серцем дитини. Він не хоче, щоби ми поводилися, як діти, або незріло, але бажає, щоби ми мали серце дитини: щире, покірне і скромне.

У ягня ще не виросли роги, тому він не колеться, у ньому немає зла. Такі саме характерні риси має Ісус Христос – добрий, покірний, лагідний, як дитина. Оскільки Ісус Христос безгрішний і бездоганний Божий Син, жертва, яка схожа на Нього, також повинна бути бездоганною і незаплямованою.

У Книзі Пророка Малахії 1:6-8 Бог суворо докоряє народ Ізраїлю, який приносив Йому недосконалі жертви, які мали вади:

> *«Шанує син батька, а раб свого пана; та якщо Я вам батько, де пошана Моя? А якщо Я вам пан, де страх передо Мною? говорить ГОСПОДЬ Саваот вам, священики, що погорджуєте Моїм Іменням та й кажете: Чим ми погордили Йменням*

Твоїм? На жертівник Мій ви приносите хліб занечищений і кажете: Чим Тебе ми зневажили? Тим, що кажете ви: Трапеза ГОСПОДНЯ вона погорджена! І коли ви проносите в жертву сліпе, це не зле? І як кульгаве та хворе приносите, чи ж це не зле? Принеси но подібне своєму намісникові, чи тебе він вподобає, чи підійме обличчя твоє? промовляє ГОСПОДЬ Саваот».

Ми повинні приносити Богові бездоганну, досконалу жертву, поклоняючись Йому в дусі та правді.

3. Значення різних видів жертвоприношення

Бог справедливості і милосердя дивиться на серце людини. Тому Він зацікавлений не у розмірі, цінності або вартості пожертвування, але у мірі турботи, з якою кожна людина віддає за вірою в залежності від особистих обставин. Як Він говорить у 2 Посланні до коринтян 9:7: *«Нехай кожен дає, як серце йому призволяє, не в смутку й не з примусу, бо Бог любить того, хто з радістю дає!»*. Бог охоче приймає, коли ми даємо Йому з радістю відповідно до особистих обставин.

У Книзі Левит 1 Бог детально пояснює, як приносити у жертву бичків, ягнят, козлів і птахів. Тоді як молоді бички без вади найбільше придатні для жертви Богові для цілопалення, деякі люди не можуть дозволити собі принести у жертву бичка. Тому за милістю Бога і Його співчуттям, Бог дозволив людям приносити Йому у жертву ягнят, козлів і голубів відповідно до обставин кожної людини і до її умов. Яке це має духовне значення?

1) Бог приймає жертви, принесені Йому, відповідно до спроможності кожної людини.

Фінансова спроможність і обставини у кожної людини різні. Невелика сума для однієї людини може бути великою сумою для іншої. Тому Бог охоче приймає ягнят, козлів та голубів, які люди приносять Йому у жертву відповідно до спроможності кожної людини. Це Божа справедливість і любов, з якою Він дозволив всім, бідним або багатим, брати участь у жертвоприношенні відповідно до спроможності кожної людини.

Бог не прийме із задоволенням козла від людини, яка здатна пожертвувати бичка. Однак Бог з радістю прийме і швидко задовольнить бажання серця людини, яка принесла у жертву бичка, тоді як могла дозволити собі лише ягня. Незалежно від того, був принесений у жертву бичок, ягня, козел або голуб, Бог сказав, що то було «пахощами любими» для Господа (Книга Левит 1:9, 13, 17). Це означає, що оскільки міра жертвоприношення може бути різною, якщо ми жертвуємо Богові від глибини свого серця, для Бог, котрий дивиться на серце людини, не має різниці, тому що всі вони для Нього – «любі пахощі».

Євангелії від Марка 12:41-44 записана історія про те, як Ісус хвалить бідну вдову, яка жертвує. Дві лепті, які вона поклала, були дуже невеликою пожертвою. То були найменші гроші у той час, але вона віддала все, що мала. Не важливо, наскільки малою є жертва, коли ми віддаємо Богові все, що можемо, і робимо це з радістю, така жертва задовольняє Бога.

2) Бог приймає поклоніння в залежності від інтелекту кожної людини.

Розуміння і благодать, яку ми отримуємо під час слухання Божого Слова, відрізняється для кожної людини в залежності від її інтелекту, рівня освіти і знання. Навіть під час одного і того ж богослужіння у порівнянні з деяким людьми, які кмітливіші і більше навчалися, здатність розуміти і пам'ятати Боже Слово є меншою у порівнянні з тими людьми, які не такі кмітливі і не витрачали багато часу на навчання. Оскільки Бог про все це знає, Він бажає, щоби кожна людина поклонялася в залежності від свого інтелекту від щирого серця, розуміла Боже Слово і жила за ним.

3) Бог приймає поклоніння відповідно до віку кожної людини та ясності її розуму.

Коли люди старіють, вони втрачають пам'ять, розумові здібності погіршуються. Тому багато літніх людей не можуть зрозуміти або запам'ятати Боже Слово.

Незважаючи на це, коли такі люди присвячують себе поклонінню зі щирим серцем, Бог знає обставини кожної людини і охоче прийме їхнє поклоніння.

Пам'ятайте про те, що коли людина поклоняється поміж надиханням Святого Духа, Божа сила буде з нею, навіть якщо в неї не вистачає мудрості або знання або та людина похилого віку. За допомогою роботи Святого Духу Бог допомагає людині зрозуміти і робити хліб зі Слова. Тож не здавайтеся, промовляючи: «мені забракло» або «я намагався, але не можу», але будьте впевнені у тому, що ви доклали зусиль від щирого серця і шукаєте Божої сили. Наш Бог любові охоче приймає пожертви, принесені Йому з докладанням найбільших зусиль, та в залежності від обставин і умов кожної людини. Саме тому Він детально записав у Книзі Левит все, що стосується жертви цілопалення і проголосив Свою правду.

4. Принесення у жертву ягнят (Книга Левит 1:3-9)

1) Безвадні молоді бички біля входу до скинії заповіту

У скинії знаходяться святиня і Святеє Святих. Лише священик міг входити у святиню, і лише первосвященик міг входити у Святеє Святих один раз на рік. Тому звичайні люди, які не могли увійти у святиню, приносили у жертву цілопалення молодих бичків біля входу до скинії заповіту.

Так само, як Ісус зруйнував стіну гріха між нами і Богом, тепер ми можемо мати безпосереднє близьке спілкування з Богом. Люди у часи Старого Заповіту приносили жертви біля дверей скинії заповіту своїми справами. Однак, Святий Дух, зробивши наше серце своїм храмом, живе у ньому і спілкується з нами сьогодні, у часи Нового Заповіту ми отримали право постати перед Богом у Святому Святих.

2) Покладання руки на голову цілопалення для перенесення гріха і умертвіння

У Книзі Левит 1:4 і далі читаємо: *«І покладе він руку свою на голову цілопалення, і буде йому дано вподобання на очищення від гріхів його. І заріже він ягня перед ГОСПОДНІМ»*. Покладання руки на голову цілопалення символізує перенесення гріхів людини на жертву цілопалення. Лише після цього Бог простить гріх через кров жертви цілопалення.

Покладання руки разом з перенесенням гріха також символізує благословення і помазання. Ми знаємо, що Ісус клав Свою руку, коли благословляв дітей або зціляв хворих від хвороб та недугів. Покладанням рук апостоли робили так, щоби люди отримали Святий Дух і щоби дари проявлялися ще більше. Також покладання руки означає те, що предмет було передано Богові. Коли служитель покладає свою руку на пожертвування, це вказує на те, що воно було передане Богові.

Благословення на завершальному служінні або на молитовних зборах під час промовляння молитви «Отче Наш» виконуються для того, щоби Бог охоче прийняв служіння або збори. У Книзі Левит 9:22-24 написано про те, що первосвященик Аарон *«підняв свої руки до народу, та й поблагословив його»* після того, як передав Богові гріх і цілопалення саме так, як наказав Бог. Ми освятили День Господній і завершили служіння благословенням. Після цього Бог захищає нас від ворога, сатани і диявола, а також від спокус і бід. Він дозволяє нам насолоджуватися благословеннями, які переливаються через край.

Яке значення має для людини те, що вона принесе у жертву цілопалення безвадного ягня? Оскільки заплата за гріх – смерть, люди вбивали тварин за свої гріхи. Безвадне ягня, яке не спарювалося, гарне, наче невинне дитя. Бог бажав, щоби кожна людина, яка приносить жертву цілопалення, робила це, маючи серце невинної дитини, і ніколи більше не грішила. З цією метою Він хотів, щоби кожна людина покаялася у своїх гріхах і спонукала своє серце.

Апостол Павло добре знав, чого хотів Бог, і тому, навіть отримавши прощення гріхів, владу і силу, як Божа дитина, він «щодень умирав». У 1 Посланні до коринтян 15:31 він сказав: *«Я щодень умираю. Так свідчу, браття, вашою хвалою, що маю її в Христі Ісусі, Господі нашім».* Оскільки ми можемо принести своє тіло у святу і живу жертву Богові лише після того, як позбудемося всього, що протидіє Богові: серця неправди, гордовитості, жадібності, власних поглядів, сформованих на основі власних думок, власної праведності та всього, що вважається злом.

3) Священик кропить кров'ю навкруг жертівника

Після вбивства молодого ягня, на якого були перекладені гріхи людини, яка приносить жертву, священик кропить кров'ю навкруг жертівника біля входу до скинії заповіту. Це робиться тому, що у Книзі Левит 17:11 написано: *«Бо душа тіла в крові вона, а Я дав її для вас на жертівника для очищення за душі ваші, бо кров та вона очищує душу».* Кров символізує кров. Так само Ісус пролив Свою кров, щоби викупити нас від гріха.

Слова «навколо жертівника» означають на схід, на захід, на північ і на південь, а простіше кажучи «куди б не пішов чоловік». Кроплення кров'ю «навколо жертівника» означає, що людина отримує прощення гріхів, куди б вона не пішла. Це означає, що ми отримаємо прощення гріхів, скоєних будь-яким чином, і дізнаємося про напрям, яким Бог бажає, щоби ми прямували, подалі від напрямків, яких ми напевно повинні уникнути.

Те саме відбувається у наш час. Жертівник – це кафедра, з якої проповідується Боже Слово, і Господній слуга, котрий проводить богослужіння, відіграє роль священика, який кропить кров'ю. Під час богослужінь ми чуємо Боже Слово, і за вірою і маючи право завдяки крові нашого

Господа, ми отримуємо прощення за все, що ми вчинили, що суперечить Божій волі. Отримавши прощення від гріхів за допомогою крові, ми повинні іти туди, куди бажає Бог, а також для того, щоби завжди триматися далі від гріха.

4) Здирання шкіри з жертви цілопалення і розрізання її на шматки

З тварини, яка має бути принесена у жертву цілопалення, повинна бути здерта шкіра, а потім її необхідно повністю знищити вогнем. Шкіра тварин міцна, її важко повністю спалити. А під час горіння вона смердить. Тому щоби принести тварину у жертву з приємним ароматом, з неї спочатку необхідно здерти шкіру. З яким видом сучасного служіння можна порівняти цю процедуру?

Бог відчуває аромат людини, яка поклоняється Йому. Бог не приймає те, що не має аромату. Щоби поклоніння було приємним ароматом для Бога, ми повинні «залишити зовнішність, забруднену світом, і постати перед Богом у благочестивому і святому вигляді». Протягом свого життя ми стикаємося з різними аспектами життя, які не можна вважати гріховними перед Богом, але які далеко не благочестиві і не святі. Така земна зовнішність, яку ми мали досі, до життя у Христі, може залишатися. Також можуть проявитися екстравагантність, марність і хвастощі.

Наприклад, деякі люди люблять ходити на ринки або до супермаркетів, щоби розглядати вітрини, тому вони систематично ходять за покупками. Інші захоплюються переглядом телевізійних програм або відео іграми. Якщо наше серце забирають такі речі, ми зростаємо окремо від Божої любові. Крім того, якщо ми дослідимо себе, ми зможемо знайти у своєму зовнішньому вигляді неправду, заплямовану світом, а також зовнішній вигляд, незавершений перед Богом. Щоби бути бездоганним перед Богом, ми повинні позбутися всього цього. Коли ми починаємо поклонятися Йому, спочатку ми повинні покаятися в усьому земному, і наші серця повинні стати більш благочестивими і святими.

Покаяння у гріховному, брудному і недосконалому зовнішньому вигляді, у плямах цього світу до початку богослужіння рівносильне здиранню шкіри з тварини, приготованої для жертви цілопалення. Для цього ми повинні підготувати свої серця, щоби вони були налаштовані належним чином: прийти завчасно, коли богослужіння ще не розпочалося. Будьте впевнені, що принесли Богові подячну молитву за те, що Він простив вас від усіх гріхів і захистив вас і, дослідивши себе, помоліться молитвою покаяння.

Коли люди приносили у жертву Богові тварин, з яких була здерта шкіра, які були порізані на шматки і покладені на вогонь, Бог у Свою чергу давав людям прощення за їхні провини і гріхи і дозволяв священикам використовувати шкіру, що залишилася, як вважатимуть за потрібне.

«Розрізання на шматки» означає відділення голови, ніг, бокових частин і задньої частини, а також відокремлення нутрощів.

Коли ми подаємо на стіл кавун або яблука для літніх людей, ми не даємо їх цілими, ми очищаємо їх і намагаємося зробити так, щоби вони гарно виглядали. Так само, жертвуючи для Бога, ми не спалюємо всю жертву, але підносимо жертву Богові акуратно.

Яке духовне значення має «розрізання жертви на шматки»?

По-перше, існують різні види богослужінь. Існують ранкові і вечірні недільні богослужіння, вечірні богослужіння у середу та всеношні богослужіння у п'ятницю. Розділення богослужінь рівнозначне «розрізанню жертви на шматки».

По-друге, розділення змісту нашої молитви рівноцінне «розрізанню жертви на шматки». Звичайно, молитва поділяється на покаяння і вигнання злих духів, а потім відбувається молитва подяки. Потім вона поділяється на церковні теми: про будівництво храму, служителів і працівників церкви, про виконання обов'язків, про процвітання душ, про бажання серця і заключну молитву.

Звичайно, ми можемо молитися, коли ідемо по вулиці, за кермом автомобіля або під час обідньої перерви. Ми можемо спілкуватися з Богом у спокої, розмірковуючи про Бога і нашого Господа. Запам'ятайте, що окрім часу роздумів необхідно також згадувати про молитовні теми. Це так само важливо, як розрізати жертву на шматки. Тоді Бог охоче прийме вашу молитву і швидко відповість на неї.

По-третє, «розрізання жертви на шматки» означає, що все Боже Слово поділене на 66 книжок. 66 книжок Біблії разом пояснюють, хто такий живий Бог, розповідають про план спасіння через Ісуса Христа. Однак Боже Слово розділене на окремі книжки, і Його Слово у кожній книжці з'єднується, не маючи жодної невідповідності між собою. Оскільки Боже Слово поділене на різні категорії, Божа воля повідомляється систематичніше, і нам легше з цього робити хліб.

По-четверте, і це найважливіше, «розрізання жертви на шматки» означає, що саме богослужіння поділяється і складається з різних компонентів. Молитва покаяння перед початком богослужіння продовжується першою складовою частиною, коротким часом роздумів, які готують до богослужіння і розпочинають його, а також служіння завершується або молитвою «Отче Наш», або благословенням. Між ними відбувається не лише проповідь Божого Слова, але також посередницькі молитви, прославляння, читання уривків, пожертвування та інші складові елементи. Кожний процес важливий по-своєму, і поклоніння у певному порядку рівноцінне розрізанню жертви на шматки.

Саме як спалення всіх частин жертви означає цілопалення, ми повинні присвятити себе повністю богослужінню від початку до кінця. Присутні не повинні запізнюватися і не виходити раніше завершення богослужіння для вирішення власних справ, якщо лише це не надто терміново. Деякі люди повинні виконувати певні обов'язки у церкві: добровільно виконувати певну роботу, супроводжувати людей, у такому випадку вам дозволяється вставати з місця. Люди можуть бажати прийти вчасно на вечірнє богослужіння у середу або нічне богослужіння у п'ятницю, але змушені запізнитися через роботу або інші невідворотні обставини. Навіть тоді Бог дивитиметься на серце кожної людини і отримає аромат їхнього поклоніння.

5) Священик розпалює вогонь на жертівнику і кладе дрова на вогні

Після розрізання жертви на шматки священик повинен розташувати всі шматки на жертівнику і підпалити їх. Саме тому священику було наказано «розпалювати вогонь на жертівнику і класти дрова на вогні». Тут «вогонь» у духовному сенсі означає Святий Дух, а «дрова на вогні» означає контекст і зміст Біблії. Кожне слово у 66 книжках Біблії повинно використовуватися як дрова. «Покладання дров на вогню» у духовному сенсі означає виготовляти духовний хліб з кожного слова Біблії поміж справ Святого Духа.

Наприклад, в Євангелії від Луки 13:33 Ісус говорить: «*... Згинути не може пророк поза Єрусалимом*». Спроба буквально зрозуміти цей вірш буде марною, тому що ми знаємо багато Божих дітей, таких як апостол Павло і Петро, які померли «поза Єрусалимом». Однак у цьому вірші «Єрусалим» означає не фізичне місто, а місто, яке має Боже серце і здійснює Божу волю, «духовним Єрусалимом», яке у свою чергу є «Божим Словом». Тому слова «згинути не може пророк поза Єрусалимом» означають, що пророк живе і вмирає у межах Божого Слова.

Ми можемо розуміти те, що читаємо в Біблії і чуємо під час проповідей на богослужінні, лише за надиханням Святого Духу. Будь-яка частина Божого Слова, яка поза знанням людини, поза її думками і теоріями, може бути зрозумілою за надиханням Святого Духу. Тоді ми можемо повірити у Слово від щирого серця. Загалом, ми зростаємо духовно лише якщо зрозуміли Боже Слово за допомогою справ і за надиханням Святого Духу, коли Бог оселився в нас і вкоренився у нашому серці.

6) Розкладання шматків, голови і лою на дровах жертівника

У Книзі Левит 1:8 написано: «*І порозкладають Ааронові сини, священики, ті куски, голову та товщ, на дровах, що на огні, який на жертівнику*». Для цілопалення священик повинен розкласти шматки, на які було порізано тварину, а також її голову і товщ.

Спалення голови жертви означає спалення всіх неправедних думок, які народжуються у нашій голові. Тому що наші думки народжуються у голові і більшість гріхів починаються з голови. Люди цього світу не будуть визнавати когось грішником, якщо його гріх не проявляється у дії. Однак, як ми можемо прочитати у 1 Посланні Івана 3:15: *«Кожен, хто ненавидить брата свого, той душогуб»*. Бог говорить, що ненависть – це гріх.

Ісус викупив нас від гріха 2 000 років тому. Він викупив нас від гріхів, які ми вчиняємо не лише нашими руками і ногами, але також головою. Ісусові руки і ноги були пробиті цвяхами, щоби визволити нас від гріхів, які ми вчиняємо руками і ногами, а на голові у Нього був вінок із тернини, щоби визволити нас від гріхів, які ми чинимо у думках, які народжуються у нашій голові. Оскільки ми отримали прощення гріхів, які ми вчиняємо у думках, ми не повинні давати у жертву Богові голову тварини. Замість неї ми повинні випалити свої думки вогнем Святого Духу, і ми робимо це, позбавляючись неправедних думок і думаючи лише праведно.

Якщо ми завжди маємо правду, ми ніколи вже не матимемо неправедних або марних думок. Оскільки Святий Дух допомагає людям позбуватися марних думок, зосереджуватися на проповіді і думати лише про неї під час богослужіння, вони зможуть справді духовно послужити Богові і догодити Йому.

Крім того, товщ, тобто сало тварин, – це джерело енергії і життя. Ісус став жертвою, проливши Свою кров і воду. Якщо ми віримо, що Ісус – наш Господь, нам більше не треба жертвувати Богові товщ тварин.

Однак «віра в Господа» не здійснюється за допомогою простого визнання своїми вустами: «Я вірю». Якщо ми дійсно віримо у те, що Господь звільнив нас від гріха, ми повинні позбутися гріха, перетворитися за допомогою Божого Слова і мати святе життя. Навіть під час богослужіння ми повинні віддавати всю свою енергію: наше тіло, серце, волю, всі свої зусилля, і поклонятися Богові в дусі. Людина, яка віддає всі сили для богослужіння, не лише триматиме у своїй голові Боже Слово, але й виконуватиме його у своєму серці. Лише коли Боже Слово виконується у серці людини, воно може втілитися у життя, стати силою, духовними і тілесними благословеннями.

7) Священик обмиває водою нутрощі та голінки і спалює усе те на жертівнику

Тоді як частини жертви кладуться такими, як є, Бог наказує обмити водою нутрощі та голінки, брудні частини тварини, перед тим, як принести у жертву. «Обмити водою» означає обмити бруд людини, яка приносить жертву. Який бруд необхідно змити? Тоді як люди у часи Старого Заповіту обмивали бруд жертви, люди у часи Нового Заповіту повинні обмити бруд зі свого серця.

В Євангелії від Матвія 15 розповідається про те, як

книжники і фарисеї докоряли Ісусові за те, що Його учні їли брудними руками. Ісус відповів їм: *«Не те, що входить до уст, людину скверньть, але те, що виходить із уст, те людину скверньть»* (вірш 11). Вплив того, що входить до уст, завершується під час процесу виділення. Однак те, що виходить з уст, походить від серця і має тривалі наслідки. Далі, у віршах 19-20, Ісус продовжує: *«Бо з серця виходять лихі думки, душогубства, перелюби, розпуста, крадіж, неправдиві засвідчення, богозневаги. Оце те, що людину опоганює. А їсти руками невмитими, не опоганює це людини!»* Ми повинні вичистити гріх і зло зі свого серця за допомогою Божого Слова.

Чим більше Божого Слова увійшло до нашого серця, тим більше гріха і зла буде видалено і вичищено. Наприклад, якщо людина робить хліб із любові і живе за ним, ненависть видалиться. Якщо людина виготовляє хліб з покори, вона замінить гордовитість. Якщо людина готує хліб з правди, брехня і хитрощі зникнуть. Чим більше людина готує хліб з правди і живе за нею, тим більше вона зможе позбутися гріховної природи. Звичайно, віра постійно зростатиме і досягне такої міри, яка належить повноті Христа. В залежності від міри віри людини її супроводжуватиме Божа сила і влада. Виконаються не лише бажання людини, але вона відчує благословення в усіх сферах свого життя.

Лише коли нутрощі та голінки були обмиті і всі вони були покладені у вогонь, відчувся приємний аромат. У

Книзі Левит 1:9 про це написано так: *«Огняна жертва, пахощі любі для ГОСПОДА»*. Коли ми служимо Богові у дусі та правді, проводимо богослужіння відповідно до Його Слова щодо цілопалення, таке богослужіння буде цілопаленням, яке догоджає Богові і після якого Бог дасть Свої відповіді. Наше серце, яке поклоняється, буде приємним ароматом для Бога. І якщо ми догоджаємо Богові, Він дасть нам процвітання в усіх сферах нашого життя.

5. Принесення у жертву овець або кіз (Книга Левит 1:10-13)

1) Безвадний молодий баран або козел

Подібно до жертви ягнят, під час принесення у жертву овець або кіз необхідно приносити у жертву молодого безвадного самця. У духовному сенсі принесення невинної жертви означає поклоніння Богові з бездоганним серцем, відзначеним радістю і вдячністю. Наказ Бога про те, що необхідно приносити у жертву самця, означає «поклоніння з рішучим серцем, яке не вагається». Тоді як жертва може бути різною в залежності від фінансового стану людини, ставлення людини, яка приносить жертву, завжди повинно бути святим і досконалим незалежно від жертви.

2) Жертва має бути зарізана на боці жертівника

на півночі, і священики покроплять кров'ю навколо жертівника

Так само, як у випадку з жертвою ягнят, кропити кров'ю жертви навколо жертівника необхідно для того, щоби отримати прощення гріхів всюди: на сході, заході, півночі і півдні. Бог дозволив спокуту через кров тварини, яку людина приносить Йому у жертву замість себе.

Для чого Бог наказав, щоби жертву зарізали з північної сторони жертівника? «На північ» або «північна сторона» духовно символізує холод і темряву. Такі слова часто використовують щоби пояснити те, що Бог дисциплінує або докоряє, чим Він незадоволений.

У Книзі Пророка Єремії 1:14-15 читаємо:

> *«З півночі відкриється зло на всіх мешканців землі. Бо ось Я покличу всі родини царств на півночі, говорить ГОСПОДЬ, і вони поприходять, і поставлять кожен свого трона при вході до їрусалимських брам, і навколо при всіх мурах його та при всіх юдиних містах».*

У Книзі Пророка Єремії 4:6 Бог говорить нам: *«Підійміте прапор до Сіону, поспішайте, не станьте, бо з півночі зло приведу, і велике нещастя...»* Як ми бачимо, «з півночі» означає Божу дисципліну і догану, і як така, тварина, яка була звинувачена в усіх гріхах людини, повинна бути зарізана з північної сторони, що є символом прокляття.

3) Жертва має бути розрізана на шматки, а голову і товщ треба розкласти на вогні. Нутрощі і голінки необхідно обмити водою. Все це необхідно спалити на жертівнику

Так само, як цілопалення ягнят, цілопалення овець і козлів також приносяться Богові для отримання прощення гріхів, які ми вчиняємо серцем, руками і ногами. Старий Заповіт – це ніби тінь, а Новий Заповіт – це ніби форма. Бог бажає, щоби ми отримали прощення гріхів засновуючись не лише на справах, але своїм серцем, обрізавшись і живучи відповідно до Його Слова. Це означає духовно служити Богові всім тілом, серцем і волею, а також робити хліб з Божого Слова за надиханням Святого Духу щоби позбутися неправди і жити відповідно до правди.

6. Принесення у жертву птахів (Книга Левит 1:14-17)

1) Горлиця або голубеня

Голуби – найлагідніші і найрозумніші з усіх птахів, вони добре підкоряються людям. Оскільки їхнє м'ясо ніжне, і голуби взагалі приносять людям багато користі, Бог наказав приносити у жертву горлиць або голубенят. Бог хотів, щоби приносили у жертву голубенят, тому що Він хотів отримати чисту і покірну жертву. Такі характерні риси молодих голубів символізують покірність Ісуса, Який став жертвою.

2) Священик приносить жертву до жертівника, скручує голову, роздирає голуба між крильми але не відділяє їх. Священик приносить жертву на вогні на жертівнику, кров виллє при стіні жертівника

Оскільки голубенята дуже малого розміру, їх неможливо вбити, а потім розрізати на шматки, а крові виливається дуже мало. Тому, на відміну від інших тварин, яких вбивають з північної сторони жертівника, птаху скручують голову, кров виливають. Також на голову голубу накладають руку. Тоді як кров'ю жертви необхідно покропити навкруг жертівника, церемонія спокути відбувається лише коли кров виливається при стіні жертівника через малу кількість крові, яка є в тілі голуба.

Крім того, оскільки тіло голуба дуже мале, якщо його розділити на шматки, його неможливо буде впізнати. Тому жертву лише роздирають між крильми, але не відділяють їх від тіла. Крила для птахів – це їхнє життя. Той факт, що голуба розривають між крил, символізує, що людина повністю здається Богові і віддає Йому своє життя.

3) І здійме його воло в пір'ї його, і кине його при жертвнику на схід на місце попелу

Перед тим, як принести птаха у жертву цілопалення, воло і пір'я птаха видаляють. Тоді як нутрощі бичків, ягнят і козлів не відкидають, а спалюють після омивання водою, оскільки важко вимити воло голуба і нутрощі, Бог дозволив їх видалити. Видалення вола голуба разом із пір'ям, а також обмивання нечистих частин ягнят і бичків символізує очищення наших брудних сердець, наших гріховних вчинків у минулому, коли ми тепер поклоняємося Богові в дусі та правді.

Воло птахів разом із пір'ям повинно бути кинуте при жертівнику на схід на місце попелу. У Книзі Буття 2:8 читаємо про те, що Бог *«насадив рай ув Едені на сході»*. У духовному розумінні «схід» – це простір, оточений світлом. Навіть на Землі, на якій ми живемо, схід – це сторона, де встає сонце. Коли сонце піднімається, темрява ночі зникає.

Яке значення у тому, щоби видалити воло голуба та пір'я його при жертівнику на схід?

Це символізує наше звернення до Господа, Котрий є Світло, після того, як ми позбудемося бруду гріха і зла, принісши Богові цілопалення. Як ми читаємо у Посланні до ефесян 5:13: *«Усе ж те, що світлом докоряється, стає явне, бо все, що явне стає, то світло»*, ми видаляємо бруд гріха і зла, який ми виявили, і стаємо Божими дітьми, коли повстаємо перед Світлом. Тому відкидання нечистоти на схід духовно означає, що ми, які жили у духовній нечистоті, у гріху і злі, позбуваємося гріха і стаємо Божими дітьми.

Завдяки цілопаленню бичків, ягнят, козлів і птахів

ми можемо зрозуміти Божу любов і правду. Бог наказав приносити цілопалення, тому що Він бажав, щоби народ Ізраїлю жив кожну мить свого життя у прямому і близькому спілкуванні з Ним, завжди приносячи Йому цілопалення. Якщо ви пам'ятатимете це, я сподіваюся, що ви поклонятимесь в дусі та правді і святитимете не лише день Господній, але й приноситимете Богові приємний аромат свого серця всі 365 днів на рік. Тоді наш Бог, Котрий дав нам обітницю: *«Хай ГОСПОДЬ буде розкіш твоя, і Він сповнить тобі твого серця бажання!»* (Псалом 36:4), виллє на нас процвітання і дивовижні благословення куди б ми не пішли.

Розділ 4

Принесення хлібної жертви

«А коли хто принесе жертву,
жертву хлібну для ГОСПОДА,
то нехай пшенична мука буде жертва його,
а він поллє на неї оливи,
і дасть на неї ладану».

Книга Левит 2:1

1. Значення хлібної жертви

У 2 главі Книги Левит розповідається про хлібну жертву і як її треба приносити Богові. Щоби вона була живою і святою жертвою, яка Йому догоджає.

Як написано у Книзі Левит 2:1: *«А коли хто принесе жертву, жертву хлібну для ГОСПОДА, то нехай пшенична мука буде жертва його, а він поллє на неї оливи, і дасть на неї ладану»*, хлібна жертва – це жертва Богові у вигляді добірного зерна. Це жертва подяки Богові, Котрий дав нам життя і дає нам хліб щодня. У розумінні сьогодення це є пожертвою подяки під час недільного богослужіння, яке ми віддаємо за те, що Бог захищав нас протягом минулого тижня.

Під час принесення жертви Богові, необхідним є пролиття крові таких тварин, як бички або ягнята, які є жертвою за гріх. Це тому що прощення наших гріхів через пролиття крові тварин гарантує донесення наших молитов і прохань до Святого Бога. Однак хлібна жертва – це жертва подяки, яка не вимагає окремого пролиття крові і приноситься разом з цілопаленням. Люди віддавали Богові свої перші плоди та інші речі: від зерна, яке вони зібрали, це була хлібна жертва за те, що Він дав їм зерна для сівби, дав їжу і захищав їх до збору врожаю.

Звичайно у якості хлібної жертви приносили муку. Пшенична мука, спечений хліб, для неї також використовувалися ранні колоски пшениці, жертву поливали олією, солили, також додавали ладан. Потім жменя жертви приносилася на вогні, щоби задовольнити Бога пахощами.

У Книзі Вихід 40:29 написано: *«А жертівника цілопалення поставив при вході скинії, скинії заповіту, і приніс на ньому цілопалення та жертву хлібну, як ГОСПОДЬ наказав був Мойсеєві»*. Бог наказав, щоби хлібна жертва приносилася тоді ж, коли і цілопалення. Тому ми приносимо Богові духовне служіння лише коли ми приносимо Йому пожертви подяки під час недільного богослужіння.

Етимологія виразу «хлібна жертва» полягає у словах «жертва» і «дар». Бог не хоче, щоби ми приходили на богослужіння з пустими руками, але щоби ми демонстрували у справах вдячне серце, приносячи Йому пожертви подяки. Тому у 1 Посланні до солунян 5:18 Бог говорить нам: *«Подяку складайте за все, бо така Божа воля про вас у Христі Ісусі»*. Також в Євангелії від Матвія 6:21 Він говорить: *«Бо де скарб твій, там буде й серце твоє!»*

Чому ми повинні дякувати за все і приносити Богові хлібні жертви? По-перше, все людство стояло на шляху знищення після непокори Адама, але Бог дав нам Ісуса для спокутної жертви за наші гріхи. Ісус визволив нас від гріха і через Нього ми отримали вічне життя. Оскільки Бог, Котрий створив все у всесвіті, а також людину, тепер є нашим Отцем, ми можемо насолоджуватися правом бути Божими дітьми. Він дозволив нам мати вічні небеса, тож чи може бути для нас інша дорога, аніж дякувати Йому?

Бог також дає нам сонце і контролює дощі, вітри і весь клімат, так щоби ми могли збирати багатий врожай, за допомогою якого Бог дає нам хліб щодня. Ми повинні дякувати Йому. Крім того, Бог захищає кожного з нас від цього світу, де багато гріха, неправди, хвороб і нещасливих випадків. Він відповідає на наші молитви, які ми приносимо з вірою, і Він завжди благословляє нас, щоби ми мали переможне життя. Тож як ми можемо не дякувати Йому?

2. Жертва для хлібної жертви

У Книзі Левит 2:1 Бог говорить: *«А коли хто принесе жертву, жертву хлібну для ГОСПОДА, то нехай пшенична мука буде жертва його, а він поллє на неї оливи, і дасть на неї ладану».* Зерна, принесені Богові у хлібну жертву, повинні бути найдобірніші. Наказ Бога про те, що зерна мають бути «пшеничними», говорить про те, з яким серцем ми маємо приносити Йому жертви. Щоби зробити із зерна муку, зерно проходить багато процесів переробки: його очищують, розмелюють і просівають. Всі ці процеси вимагають багато зусиль і турботи. Колір виробів із пшеничної муки приємний, і вони зазвичай смачніші.

Духовне значення наказу Бога про те, щоби хлібна жертва була з «пшеничної муки», означає, що Бог прийме жертви, приготовані з найбільшою турботою і з радістю. Він з радістю приймає, коли ми демонструємо у справах вдячне серце, а не коли ми просто дякуємо своїми вустами. Тому коли ми віддаємо десятину або робимо подячні пожертви, ми повинні бути впевненими у тому, що віддаємо від щирого серця, щоби Бог охоче прийняв їх.

Бог править всім. Він наказує, щоби люди приносили Йому пожертви, але це не тому, що Йому чогось не вистачає. Він має силу збільшити багатство кожної людини, а також забрати все, чим вона володіє. Бог бажає отримувати від нас пожертви, тому що Він може благословити нас навіть більше і рясніше через пожертви, які ми віддаємо Йому за вірою і з любов'ю.

Як написано у 2 Посланні до коринтян 9:6: *«А до цього кажу: Хто скупо сіє, той скупо й жатиме, а хто сіє щедро, той щедро й жатиме!»* пожати відповідно до того, скільки було посіяно, – це закон духовного царства. Тож щоби благословити нас ще більше, Бог вчить нас приносити пожертви подяки.

Коли ми віримо у це і приносимо пожертви, ми повинні безумовно робити це від щирого серця, ніби ми приносимо Богові хлібну жертву із пшеничної муки, ми повинні приносити Йому найдорожче з усіх пожертвувань, бездоганне і чисте.

«Пшенична мука» також символізує характер і життя

Ісуса, які бездоганні. Вона також навчає нас, що саме так, як ми турботливо виготовляємо пшеничну муку, наше життя повинно бути сповнене працею і покорою.

Приносячи хлібні жертви, люди брали пшеничну муку, змішували муку з олією і випікали її у печі, або виливали тісто на сковорідку і приносили все це у жертву на вогні жертівника. Той факт, що хлібні жертви приносилися різними способами, говорить про те, що способи, якими люди заробляли собі на прожиття, а також причини приносити хлібні жертви, були різними.

Інакше кажучи, окрім причин, через які ми завжди дякуємо за отримані благословення або відповіді на бажання нашого серця, ми з вірою долаємо спокуси і негаразди. Однак як Бог наказує нам «за все дякувати», ми повинні шукати причини, за що ми маємо бути вдячними і відповідно дякувати за це. Лише тоді Бог прийме аромат нашого серця і переконається у тому, що у нашому житті існує багато причин, щоби дякувати Йому.

3. Принесення хлібної жертви

1) Хлібна жертва із пшеничної муки з политою на неї олією і ладаном

Поливання пшеничної муки олією перетворює його на тісто, з якого печуть прекрасний хліб, а додавання ладану покращує якість жертви та її зовнішній вигляд. Коли жертву приносять до священика, він бере жменю муки, олію та ладан і приносить все на вогні на жертівнику. Тоді виникає приємний аромат.

Яке значення має виливання олії у муку?

Під «олією» тут мається на увазі жир тварин або рослинна олія. Змішування пшеничної муки з «олією» означає те, що ми повинні віддавати всю свою енергію, все своє життя, через жертви Богові. Коли ми поклоняємося Богові або віддаємо Йому пожертви, Бог дає нам надихання і повноту Святого Духу і дозволяє нам мати таке життя, у якому ми маємо безпосереднє близьке спілкування з Богом. Виливання олії символізує те, що коли ми щось віддаємо Богові, ми повинні робити це від усього серця.

Що означає давати на жертву ладан?

У Посланні до римлян 5:7 написано: *«Бо навряд чи помре хто за праведника, ще бо за доброго може хто й відважиться вмерти»*. Однак відповідно до Божої волі Ісус вмер за нас, тих, хто не був ні праведними, ані добрими, але грішниками. Тож яким приємним ароматом стала любов Ісуса для Бога? Так Ісус зруйнував владу смерті, воскрес, сів по праву руку від Бога, став Царем над царями і став дійсно безцінним ароматом для Бога.

У Посланні до ефесян 5:2 говориться, щоби ми: *«поводилися в любові, як і Христос полюбив вас, і видав за нас Самого Себе, як дар і жертву Богові на приємні пахощі»*. Коли Ісус став жертвою для Бога, Він був наче жертва із ладаном. Тому, отримавши Божу любов, ми також повинні віддати себе як приємні пахощі, як то зробив Ісус.

«Поливати муку ладаном» означає, що саме так, як Ісус збільшив Бога за допомогою приємних пахощів Своїм характером і справами, ми повинні жити за Божим Словом зі щирим серцем і збільшувати Його, виділяючи аромат Христа. Лише коли ми приносимо Богові пожерти подяки, випускаючи аромат Христа, наші жертви стануть хлібними жертвами, гідними для Бога.

2) Без закваски та меду

У Книзі Левит 2:11 написано: *«Кожна хлібна жертва, яку принесете ГОСПОДЕВІ, не буде зроблена квашена, бо все квашене й усякий мед не спалите з нього огняної жертви для ГОСПОДА»*. Бог наказав, щоби ніякої закваски не додавалося у хліб, принесений у жертву Богові, тому що так само, як закваска викликає бродіння у тісті із муки, духовна «закваска» також зіпсує жертву.

Незмінний і бездоганний Бог бажає, щоби наші жертви залишалися незіпсованими, щоби приносилися Йому як пшенична мука, від щирого серця. Тому, приносячи пожертвування, ми повинні це робити з незмінним, чистим і бездоганним серцем, з подякою, любов'ю і вірою в Бога.

Роблячи пожерти, деякі люди думають про те, як їх сприймають інші люди, і дають заради виконання формальності. Інші дають, маючи серце, сповнене горя і хвилювання. Проте Ісус попередив про фарисейську закваску, лицемірство. Якщо ми даємо, прикидаючись святими лише зовні і шукаємо визнання інших, наше серце буде наче хлібна жертва, зіпсована закваскою, і не матиме нічого спільного з Богом.

Тому ми повинні давати без закваски, від щирого серця, з любов'ю і вдячністю до Бога. Ми не повинні давати скупо, з сумом і хвилюванням, без віри. Ми повинні давати щедро, маючи міцну віру в Бога, Котрий прийме наші пожертви і благословить нас у дусі та правді. Щоби навчити нас духовному значенню, Бог наказав, щоби ми не робили пожертви з закваскою.

Однак бувають часи, коли Бог дозволяє давати Йому пожертви із закваскою. Такі пожертви не спалюються на вогні, але священик помахує ними біля жертівника щоби показати жертву Богові, а потім віддає назад людям, щоби вони розділили її і з'їли. Це називається «колиханням», у яке, на відміну від хлібної жертви, дозволялося додавати закваску, коли процес приготування змінювався.

Наприклад, люди віри ходять на богослужіння не лише у неділю, але також на інші збори. Коли люди зі слабкою вірою приходять у неділю на богослужіння, але не приходять у п'ятницю на нічні богослужіння або у середу на вечірні богослужіння, Бог не вважатиме їхнє ставлення гріховним. Тоді як недільні служіння відбуваються у відповідності до певного порядку, порядок богослужіння у малих групах або вдома у членів церкви, хоча вони також дотримуються основної структури, яка складається з проповіді, молитви, прославляння, може бути встановлений відповідно до обставин. Звичайно, необхідно дотримуватись основних і необхідних правил. Але той факт, що Бог припускає гнучкість, залежно від обставин людини або від міри її віри, говорить про духовну важливість принесення жертви із закваскою.

Чому Бог заборонив додавати мед?

Так само, як закваска, мед також може зіпсувати якість пшеничної муки. Мед тут означає солодкий сироп, вироблений із соку фініків у Палестині. Він може легко забродити і змусити продукт гнити. Тому Бог заборонив псувати чисту муку медом. Він також говорить нам, що коли Божі діти поклоняються або приносять Йому жертви, вони повинні робити це з бездоганним серцем, яке не обманює і не змінюється.

Люди можуть подумати, що додавання меду зробить жертву кращою на вигляд. Незалежно від того, як добре щось виглядає для людини, Богові подобається отримувати те, що Він наказав, і що чоловік пообіцяв віддавати Йому. Деякі люди обіцяють дати щось особливе для Бога, але коли обставини змінюються, вони передумують і дають щось інше. Однак Бог почуває відразу, коли люди передумують щодо наказу Бога, або передумують щодо власної обітниці, щоби отримати особисту вигоду, коли відбуваються справи Святого Духа. Тому якщо людина пообіцяла принести у жертву тварину, вона повинна обов'язково пожертвувати її Богові, як написано у Книзі Левит 27:9-10: *«А якщо буде худоба, що з неї приносять жертву для ГОСПОДА, усе, що дається із неї для ГОСПОДА, буде святощами. Не вільно обміняти її, ані заступити її, добру злою, або злу доброю; а якщо справді заступить худобу худобою, то буде вона та заступство її буде святощами».*

Бог хоче, щоби ми віддавали Йому з чистим серцем не лише коли приносимо жертви, але в усьому. Якщо є колихання або обман у серці людини, поведінка, неприйнятна для Бога, проявиться на рахунок таких характеристик.

Наприклад, цар Саул нехтував наказами Бога і змінював їх за власним бажанням. Отже він не слухався Бога. Бог наказав Саулу знищити амаликського царя Аґаґа, весь народ і всю худобу. Однак після перемоги у війні силою Бога Саул не виконав наказів Бога. Він пощадив амаликського царя Аґаґа і привів його назад і найліпше з його худоби. Навіть після догани Саул не покаявся але залишився непокірним, і нарешті його залишив Бог.

У Книзі Числа 23:19 написано: *«Бог не чоловік, щоб неправду казати, і Він не син людський, щоб Йому жалкувати».* Для того, щоби ми втішали Бога, наше серце необхідно спочатку змінити на чисте серце. Незалежно від того, наскільки гарним щось може здатися людині, і на її думку, вона не повинна ніколи робити те, що заборонив

Бог, і це ніколи не повинно змінюватися навіть з часом. Бог задоволений, коли людина кориться Його волі з чистим і незмінним серцем. Він приймає жертви і благословляє ту людину.

У Книзі Левит 2:12 написано: *«Як жертву первоплоду принесіть її для ГОСПОДА, а на жертівника вона не приноситься на любі пахощі»*. Жертва повинна бути любими пахощами, які Бог охоче прийме. Тут Бог говорить нам, що хлібну жертву не треба класти на жертівник для окремої жертви у вогні для приємних пахощів. Ціль хлібної жертви полягає не у дії, а у принесенні у жертву Богові аромату нашого серця.

Незважаючи на те, скільки добрих речей принесено у жертву, якщо вони принесені з таким серцем, яке догоджає Богові, то може бути запашний аромат для людини, але не для Бога. Таким же чином джерелом справжньої радості для батьків є подарунки дітей, які вони роблять із серцем, повним подяки і любові за благодать бути народженими і вихованими у любові, не задля формальності.

Так само, Бог не бажає, щоби ми давали звично і запевняли себе: «Я зробив те, що мав зробити», але щоби випускали аромат свого серця, наповненого вірою, надією і любов'ю.

3) Посолити сіллю

У Книзі Левит 2:13 написано: *«І кожну жертву,*

жертву хлібну, посолиш сіллю. І хлібної жертви твоєї не позбавиш соли заповіту Бога твого, на кожній жертві твоїй принесеш соли». Сіль розчиняється і перешкоджає псуванню продуктів, додаючи їм смаку.

«Посолити сіллю» у духовному сенсі означає «укласти мир». Саме як сіль має розчинитися, щоби їжа стала солоною, щоби відігравати роль солі, за допомогою якої ми можемо укласти мир, нам треба пожертвувати своїм «я». Тому наказ Бога про те, що хлібна жертва має бути посолена сіллю, означає, що ми повинні приносити жертву Богові, приносячи себе у жертву для укладання миру.

Для цього ми повинні спершу прийняти Ісуса Христа і бути у мирі з Богом, борючись до крові щоби позбутися гріхів, зла, хтивості і старих себе.

Припустимо, якась людина умисно грішить, і це Бог вважає огидним, а потім приносить Богові жертву, не каючись у гріхах. Бог не може охоче прийняти жертву, тому що мир між тією людиною і Богом вже порушено. Тому псаломщик написав: *«Коли б беззаконня я бачив у серці своїм, то ГОСПОДЬ не почув би мене»* (Псалом 65:18). Бог охоче прийме не лише нашу молитву, але також наші жертви лише після того, як ми перестанемо грішити, укладемо з Ним мир і принесемо Йому жертви.

Щоби укласти мир з Богом, необхідно, щоби кожна людина пожертвувала собою до смерті. Саме як говорив апостол Павло: «Я щодень умираю», лише коли людина зречеться себе і пожертвує собою до смерті, вона зможе досягти мира з Богом.

Ми також повинні бути у мирі зі своїми братами і сестрами за вірою. В Євангелії від Матвія 5:23-24 Ісус говорить нам: *«Тому, коли принесеш ти до жертівника свого дара, та тут ізгадаєш, що брат твій щось має на тебе, залиши отут дара свого перед жертівником, і піди, примирись перше з братом своїм, і тоді повертайся, і принось свого дара».* Бог не прийме нашу жертву охоче, якщо ми чинимо гріх, зло, завдаємо болю своїм братам і сестрам у Христі.

Навіть якщо брат зробив нам зло, ми не повинні ненавидіти його або нарікати на нього, але простити його і бути з ним у мирі. Незважаючи на причини, між нами не повинно бути ворожнечі і суперечок, ми не повинні ображати своїх братів і сестер у Христі і не змушувати їх спотикатися. Лише після того, як ми уклали мир з усіма людьми, і наші серця наповнилися Святим Духом, радістю і подякою, наші жертви будуть «посолені сіллю».

Також у наказі Бога «посолити сіллю» міститься основне значення завіту, оскільки ми знаходимо у «солі завіту нашого Бога». Сіль добувається з морської води, а вода означає Боже Слово. Так само, як сіль завжди солона, Боже Слово завіту також ніколи не змінюється.

«Посолити сіллю» жертву, яку ми приносимо, означає, що ми повинні довіряти незмінному завіту вірного Бога і віддавати від щирого серця. Приносячи пожерти подяки, ми повинні вірити, що Бог неодмінно винагородить нас і благословить у 30, 60 і 100 разів більше, ніж віддали ми.

Деякі люди говорять: «Я даю, не очікуючи благословень, а просто так». Однак Богові більше подобається віра людини, яка смиренно шукає Його благословень. У Посланні до євреїв 11 говориться про те, що коли Мойсей залишив місце принца Єгипту, він «очікував винагороди», яку дасть йому Бог. Наш Ісус, котрий також очікував винагороди, не заперечував приниження на хресті. Споглядаючи на великий плід, славу, якою Бог мав нагородити Його, а також спасіння людства, Ісус міг легко знести жахливе покарання хреста.

Звичайно, люди, які «очікують винагороди», повністю відрізняються від інших розважливих осіб, які очікують отримати щось у відповідь, тому що вони віддали першими. Навіть якщо немає винагороди, людина, маючи любов до Бога, може бути готова відмовитися навіть від власного життя. Однак якщо людина збагнула серце Бога-Отця, Котрий бажає благословити, і вірить у силу Бога, коли вона шукає благословень, її справи догодять Богові ще більше. Бог обіцяв, що чоловік буде жати те, що посіяв, а також що Він дасть тим, хто шукає. Бог радіє, коли ми віддаємо пожертви, маючи віру в Його Слово, а також радіє нашій вірі, з якою ми просимо Його благословень відповідно до Його обітниць.

4) Залишки хлібної жертви належать Аарону і його

синам

Тоді як цілопалення повністю приносилося на вогні на жертівнику, хлібна жертва приносилася священику, але лише частина її приносилася у жертву Богові на вогні на жертівнику. Це означає, що тоді як ми повинні брати участь у різноманітних богослужіннях, жертви подяки, хлібні жертви, віддаються Богові так, що служать для Божого Царства і Його правди, і їхні частини повинні використовувати священики, котрі сьогодні є слугами Господа і працівниками церкви. Як написано у Посланні до галатів 6:6: *«А хто слова навчається, нехай ділиться всяким добром із навчаючим»*, коли члени церкви, які отримали благодать від Бога, приносять жертви подяки, слуги Бога, які навчають Слову, діляться жертвами подяки.

Хлібні жертви приносять Богові разом із цілопаленнями, і вони служать зразком життя служіння, яке мав Сам Ісус. Тому ми повинні за вірою приносити жертви зі щирим серцем. Сподіваюся, що кожен читач поклонятиметься належним чином відповідно до Божої волі і щодня отримуватиме багаті благословення, приносячи Богові запашні жертви, які догоджають Йому.

Розділ 5

Мирна жертва

«А якщо його жертва мирна,
якщо з великої худоби він приносить чи самця, чи самицю,
він принесе її безвадну перед ГОСПОДНЄ лице».

Книга Левит 3:1

1. Значення мирної жертви

У 3 главі Книги Левит записані закони щодо мирної жертви. Для мирної жертви необхідно було вбити безвадну тварину, покропити кров'ю навколо жертівника, також принести вогняну жертву, лій, пахощі любі для Бога. Хоча процедура принесення мирної жертви схожа на процедуру жертви цілопалення, існують кілька відмінностей. Деякі люди неправильно розуміють призначення мирної жертви і думають про неї як про засіб для отримання прощення гріхів. Першочергова мета жертви провини і жертви за гріх – прощення гріхів.

Мирна жертва – це жертва, яка приноситься для того, щоби досягти миру між Богом і людьми, і через неї люди виражають вдячність, дають обітницю Богові і віддають Йому добровільно. Принесені окремо людьми, які отримали прощення за свої гріхи через жертви за гріх і жертви цілопалення, і тепер мають безпосереднє і близьке спілкування з Богом, мета мирної жертви – укласти мир з Богом, щоби вони могли щиро довіряти Богові в усіх сферах свого життя.

Тоді хлібна жертва, про яку розповідається у 2 главі Книги Левит, вважається жертвою подяки, це умовна жертва подяки, принесена в знак подяки Богові, Котрий спас, захищає і дає нам хліб щодня, і відрізняється від мирної жертви а також подяки, вираженої нею. Окрім жертв подяки, які ми приносимо щонеділі, ми приносимо окремі жертви подяки, коли існують інші причини дякувати. До мирної жертви входять жертви, добровільно принесені для того, щоби задовольнити Бога, відділити і тримати себе у святості, щоби жити за Божим Словом і отримувати від Нього бажання свого серця.

Тоді як мирна жертва має багато значень, її найперша мета – бути у мирі з Богом. Якщо ми перебуваємо у мирі з Богом, Він дає нам силу, за допомогою якої ми можемо жити за істиною, відповідає на бажання нашого серця і дає благодать, за допомогою якої ми можемо виконати будь-які обітниці, які ми дали Богові.

Як написано у 1 Посланні Івана 3:21-22: *«Улюблені, коли не винуватить нас серце, то маємо відвагу до Бога, і чого тільки попросимо, одержимо від Нього, бо виконуємо Його заповіді та чинимо любе для Нього»*. Коли ми стаємо упевненими перед Богом, проживши відповідно до істини, ми будемо у мирі з Ним і відчуємо Його справи в усьому, про що просимо. Якщо ми догоджаємо Богові і далі, приносячи особливі жертви, чи можете уявити собі, наскільки швидше Бог дасть Свою відповідь і благословить нас?

Тому необхідно, щоби ми правильно розуміли значення хлібної жертви і мирної жертви, розрізняли жертви для хлібної жертви і мирної жертви, щоби Бог охоче прийняв наші жертви.

2. Жертви для мирної жертви

У Книзі Левит 3:1 Бог говорить нам: *«А якщо його жертва мирна, якщо з великої худоби він приносить чи самця, чи самицю, він принесе її безвадну перед ГОСПОДНЄ лице»*. Незалежно від того, чи буде жертва для мирної жертви ягням або козлом, самцем або самицею, вона повинна бути безвадною (Книга Левит 3:6, 12).

Жертва для цілопалення повинна бути самцем, безвадним бичком або ягням. Тому що бездоганна жертва для цілопалення, для духовної служби богослужіння, означає Ісуса Христа, бездоганного Божого Сина.

Однак, приносячи Богові мирну жертву щоби бути у мирі з Ним, немає необхідності розрізняти між самцем і самицею оскільки жертва безвадна. Про те, що немає різниці між самцем і самицею для мирної жертви, читаємо у Посланні до римлян 5:1: *«Отож, виправдавшись вірою, майте мир із Богом через Господа нашого Ісуса Христа»*. Для досягнення миру з Богом справами крові Ісуса, пролитої на хресті, не існує різниці між чоловіком і жінкою.

Коли Бог наказує, щоби жертва була «безвадною», Він бажає, щоби ми приносили Йому жертву, маючи не зруйнований дух, але серце прекрасної дитини. Ми не повинні давати скупо, а також не шукати визнання інших людей, але добровільно і за вірою. Для нас важливо приносити бездоганну жертву коли ми приносимо жертву подяки за Божу благодать спасіння. Жертва, віддана Богові для того, щоби ми могли довіряти Йому в усіх аспектах свого життя, щоби Він міг бути з нами і захищати нас весь час, і щоби ми могли жити відповідно до Його волі, повинна бути найкращим, що ми можемо пожертвувати Йому, і ми маємо принести ту жертву з найбільшою турботою і від усього серця.

Порівнюючи жертви для жертви цілопалення і для мирної жертви, ми маємо звернути увагу на цікавий факт: голуби виключені зі списку. Чому? Незалежно від того, якою бідною є людина, цілопалення має приносити кожна людина, і тому Бог дозволив приносити у жертву голубів, які мають малу ціну.

Наприклад, коли початківець у християнському житті, котрий має слабку, малу віру, відвідує лише недільні богослужіння, Бог вважає це за цілопалення. Тоді як цілопалення принесене Богові, коли віруючі живуть повністю за Божим Словом, підтримують безпосереднє і пряме спілкування з Богом і поклоняються в дусі та правді, у випадку початківця у вірі, котрий лише святить День Господній, Бог вважатиме це за принесення у жертву голуба, малу ціну, і скерує його на шлях спасіння.

Однак мирна жертва – це не обов'язкова, але добровільна жертва. Вона приноситься Богові для того, щоби людина отримала відповіді і благословення, догодивши Богові. Якщо голуб, який має малу ціну, повинен бути принесений у жертву, це втратить значення і мету особливої жертви і тому голуби були вилучені у списку жертв.

Припустимо, людина хотіла принести жертву для виконання обітниці або клятви, сильного бажання, або отримати від Бога зцілення невиліковної або смертельної хвороби. З яким серцем повинна бути принесена така жертва? Вона буде приготована від щирого серця, краще, ніж жертви подяки, які приносяться регулярно. Богові більше сподобається, якщо ми принесемо Йому у жертву бичка або, залежно від обставин кожної людини, якщо ми принесемо Йому корову, вівцю, або козу, але цінність голуба у якості жертви надто невелика.

Звичайно, це не означає, що «цінність» жертви повністю залежить від її ціни. Коли кожна людина готує жертву зі щирим серцем і розумом, з найбільшою турботою, відповідно до власних обставин, Бог оцінить цінність жертви, засновуючись на духовному ароматі тієї жертви.

3. Принесення мирної жертви

1) Покладання руки на голову мирної жертви і умертвіння її біля входу до скинії заповіту

Якщо людина, яка приносить жертву, кладе руку на її голову біля входу до скинії заповіту, вона передає свої гріхи тій тварині. Коли людина, яка приносить мирну жертву, кладе руку на голову тварині, вона відділяє тварину, як жертву для Бога, і таким чином помазує її.

Щоби наші жертви, на які ми покладаємо свої руки,

були приємною жертвою для Бога, ми не повинні встановлювати кількість відповідно до надихання Святого Духу. Лише такі жертви охоче прийме Бог, вони будуть відділені і помазані.

Після того, як людина поклала руку на голову жертви, вона вбиває її біля входу до скинії заповіту. За часів Старого Заповіту лише священики могли входити до святині, тому люди вбивали тварин біля входу до скинії заповіту. Однак, оскільки Ісус зруйнував стіну гріха, яка відділяла нас від Бога, сьогодні ми можемо входити у святиню, поклонятися Богу і мати безпосереднє і близьке спілкування з Ним.

2) Сина Аарона, священики, кропили кров'ю навколо жертівника

У Книзі Левит 17:11 написано: *«Бо душа тіла в крові вона, а Я дав її для вас на жертівника для очищення за душі ваші, бо кров та вона очищує душу».* У Посланні до євреїв 9:22 також написано: *«І майже все за Законом кров'ю очищується, а без пролиття крови не має відпущення».* Тут нам нагадується, що ми можемо очиститися лише кров'ю. Під час принесення Богові мирних жертв для безпосереднього і близького спілкування з Богом необхідне кропіння кров'ю, тому що ми, чиї стосунки з Богом були розірвані, вже не можемо бути у мирі з Ним без справ крові Ісуса Христа.

Священики кроплять кров'ю навкруг жертівника. Це означає, що куди б ми не пішли і у яких би обставинах ми не опинилися, миру з Богом завжди можна досягти. Щоби символізувати, що Бог завжди з нами, захищає і благословляє нас куди б ми не йшли, що б ми не робили, ким би ми не були, кропиться кров навколо жертівника.

3) Всі жертви, починаючи з мирної жертви, підносяться у вогні до ГОСПОДА

Книга Левит 3 детально розповідає про способи принесення жертви не лише бичків, але також ягнят і козлів для мирної жертви. Оскільки способи майже подібні, ми зосередимо свою увагу на принесенні бичків для мирної жертви. Порівнюючи мирні жертви з жертвами цілопалення, ми знаємо, що всі частини жертви, з якої здрали шкіру, приносилися Богові. Значення жертви цілопалення полягає у духовному служінні поклоніння, і оскільки поклоніння повністю приноситься Богові, жертви повністю спалювалися.

Однак під час принесення мирних жертв, приносяться не всі частини жертви. У Книзі Левит 3:3-4 написано: *«лій, що закриває нутрощі, та ввесь лій, що на нутрощах, і обидві нирки, і лій, що на них, що на стегнах, а сальника на печінці здійме його з нирками»*. Лій, який закриває важливі частини нутрощів тварини, необхідно приносити у жертву Богові як приємні пахощі. Принесення у жертву лою різних частин тварини означає, що ми повинні бути у мирі з Богом де б ми не перебували і у яких би обставинах ми не опинилися.

Щоби бути у мирі з Богом, також необхідно бути у мирі з усіма людьми і прагнути святості. Лише перебуваючи у мирі з усіма людьми, ми можемо стати бездоганними, як Божі діти (Євангеліє від Матвія 5:46-48).

Після видалення лою для жертви Богові, видаляються частки, відкладені для священиків. У Книзі Левит 7:34 написано: *«Бо Я взяв від Ізраїлевих синів грудину колихання й стегно приношення з мирних жертов їхніх, та й дав їх священикові Ааронові й синам його на вічну постанову від Ізраїлевих синів»*. Саме як частини хлібних жертв зберігалися для священиків, частини мирних жертв, які люди приносили Богові, зберігаються для священиків і левитів, які служать Богові і Його народу.

Те саме відбувається у часи Нового Заповіту. Через жертви, які віруючі приносять Богові, здійснюється Його справа спасіння душ, і підтримується життя Господніх служителів і працівників церкви. Після відділення частин для Бога і священиків, залишки споживаються особою, яка принесла жертву. Таке відбувається виключно з мирною жертвою. Те, що особа, яка принесла жертву, споживає її, означає, що Бог покаже, що жертва була достойна для Нього, через такі свідчення, як відповіді і благословення.

4. Закон про лій і кров

Коли вбивали тварину для жертви Богові, священик

кропив кров'ю жертви навколо жертівника. Крім того, оскільки весь лій і сало належать ГОСПОДУ, вони вважаються священними і приносяться на вогні на жертівнику як приємні пахощі, які догоджають Богові. Люди у часи Старого Заповіту не вживали у їжу лій і кров, тому що лій і кров були означали життя. Кров символізує життя тіла, а лій, як аромат тіла, є тим самим, що і життя. Лій допомагає життєдіяльності людини.

Яке духовне значення має «лій»?

«Лій» передусім означає найбільшу турботу, яка походить від бездоганного серця. Принесення у жертву лою на вогні означає, що ми віддаємо Богові все, що маємо. Це показує найбільшу турботу і повне серце, маючи яке, людина приносить жертви, достойні, щоби їх прийняв Бог. Тоді як зміст принесення жертви подяки на жертівнику, щоби досягти миру, задовольнивши Його, або повністю віддати себе Богові важливі, ще більш важливим є те, яке ви маєте серце, ступінь турботи, з яким ви приносите жертву. Якщо людина, яка вчинила неправильно з точки зору Бога, приносить жертву, щоби бути у мирі з Богом, таку жертву необхідно приносити з більшою відданістю і з більш бездоганним серцем.

Звичайно, прощення гріхів потребує принесення жертви провини або жертви за гріх. Однак буває так, що людина оминає отримання простого прощення гріхів, але укладає справжній мир з Богом, догоджаючи Йому.

Наприклад, коли дитина якось образила свого батька, тяжко поранивши його серце, серце батька може розтанути, і можливо досягти справжнього миру, якщо дитина докладе усіх зусиль, щоби догодити батькові, а не скаже просто, що їй шкода, і за це отримає прощення за свої вчинки.

Крім того, «лій» також стосується молитви і повноти Святого Духу. В Євангелії від Матвія 25 розповідається про п'ять мудрих дів, які взяли каганці і оливу, і п'ять нерозумних дів, які не взяли із собою оливи і тому не змогли увійти на весілля. Тут «олива» у духовному сенсі означає молитву і повноту Святого Духу. Лише отримавши повноту Святого Духу через молитву і пильнуючи, ми можемо уникнути бруду земної похоті і чекати на нашого Господа, жениха, підготувавши себе як прекрасні наречені.

Молитва повинна супроводжувати мирну жертву, принесену Богові, щоби задовольнити Його і отримати відповіді від Нього. Така молитва не повинна бути формальною, вона повинна приноситися всім серцем, всім, що ми маємо, всім своїм єством, так само, як піт Ісуса перетворився на краплі крові, що стікали на землю коли Він молився у саду в Гефсиманії. Будь-яка людина, яка молиться таким чином, обов'язково здолає і позбудеться гріхів, стане освяченою і отримає згори надихання і повноту Святого Духу. Коли така людина приносить Богові мирну жертву, це подобається Йому, і Він швидко дасть відповіді.

Мирна жертва – це жертва, яка приноситься Богові з повною вірою, щоби ми могли мати цінне життя у Його товаристві і під Його захистом. Укладаючи мир з Богом, ми повинні відвернутися від своїх шляхів, що приємно у Його очах. Ми повинні приносити Йому жертви всім серцем, з радістю і через молитву отримати повноту Святого Духу. Тоді ми сповнимося надії на небеса і житимемо переможним життям, уклавши мир з Богом. Сподіваюся, що кожний читач завжди буде отримувати Божі відповіді і благословення через молитву за надиханням і у повноті Святого Духу всім серцем, і приноситиме Йому мирні жертви, які подобаються Йому.

Розділ 6

Жертва за гріх

«Промовляй до Ізраїлевих синів,
говорячи: Коли хто невмисне згрішить проти якої
зо всіх заповідей ГОСПОДНІХ,
чого не треба чинити, а він учинить проти однієї з них,
якщо помазаний священик згрішить на провину народу,
то він принесе за гріх свій, що згрішив ним,
бичка, молоде з худоби великої,
безвадного для ГОСПОДА на жертву за гріх».

Книга Левит 4:2-3

1. Значення жертви за гріх та її види

Завдяки своїй вірі в Ісуса Христа і дії Його крові ми отримали прощення за всі свої гріхи і досягли спасіння. Однак щоби наша віра була визнана справжньою, ми повинні не лише сповідувати вустами, промовляючи: «Я вірю», але демонструвати це у вчинках і правді. Коли ми являємо Богові у якості доказів справи віри, які визнає Бог, Він побачить ту віру і простить нам наші гріхи.

Як ми можемо отримати прощення гріхів за вірою? Звичайно, кожна дитина Божа повинна завжди ходити у світлі і ніколи не грішити. Однак якщо існує стіна гріха між Богом і віруючою людиною, яка вчинила гріхи, коли ще не була бездоганною, вона повинна вирішити це питання і діяти відповідно. Рішення можна знайти у Божому Слові, де написано про жертву за гріх.

Жертва за гріх – це принесена Богові жертва спокути за гріхи, які ми вчинили у своєму житті. Спосіб принесення залежить від даних нам Богом обов'язків та особистої міри віри. У Книзі Левит 4 розповідається про жертву за гріх, яку приносить помазаний священик, вся паства, лідер і звичайні люди.

2. Жертва за гріх помазаного священика

Бог сказав Мойсею у Книзі Левит 4:2-3: *«Промовляй до*

Ізраїлевих синів, говорячи: Коли хто невмисне згрішить проти якої зо всіх заповідей ГОСПОДНІХ, чого не треба чинити, а він учинить проти однієї з них, якщо помазаний священик згрішить на провину народу, то він принесе за гріх свій, що згрішив ним, бичка, молоде з худоби великої, безвадного для ГОСПОДА на жертву за гріх».

Тут «Ізраїлеві сини» у духовному розумінні означають всіх Божих дітей. «Коли хто навмисне згрішить проти якої зо всіх заповідей ГОСПОДНІХ, чого не треба чинити, а він учинить проти однієї з них» – це коли Божий закон, який записаний у 66 книжках Біблії, який Він «наказав не чинити», було порушено.

Коли священик, у сучасному розумінні служитель, котрий навчає і проповідує Боже Слово, порушує Божий закон, заплата за гріх торкається навіть звичайних людей. Оскільки він не навчив свою паству відповідно до істини, або не жив так сам, його гріх надто серйозний. Навіть якщо він грішив несвідомо, тим не менш це надто соромно, що служитель не зрозумів Божої волі.

Наприклад, якщо служитель неправильно навчає істині, його паства повірить його словам, зневажатиме Божу волю, і вся церква збудує стіну гріха між собою і Богом. Він сказав нам: «Бути святими», «Стерегтися лихого в усякому вигляді» і «Безперестанку молитися». А що би сталося, якби служитель сказав: «Ісус звільнив нас від гріхів. Тож ми отримаємо спасіння, тому що ходимо до церкви»? Як говорить Ісус в Євангелії від Матвія 15:14: *«Коли сліпий водить сліпого, обоє до ями впадуть...»*, заплата за гріх служителя буде великою, тому що сам служитель і його паства відійдуть від Бога. Якщо священик чинить гріхи і тим «згрішить на провину народу», він повинен принести Богові жертву за гріх.

1) У жертву за гріх приносили безвадного бичка

Коли грішить помазаний священик, він «грішить на провину народу» і він повинен знати, що заплата за його гріхи велика. У 1 Книзі Самуїловій 2-4 ми читаємо про те, що сталося, коли сини священика Ілії грішили, використовуючи жертви, які приносилися Богові, для власної вигоди. Коли Ізраїль програв війну з филистимлянами, синів Ілії було вбито, також загинуло 30 000 ізраїльських солдат. Коли забрали ковчег Бога, весь народ Ізраїлю почав страждати.

Тому жертва спокути повинна бути найціннішою: безвадний бичок. Серед усіх жертв Бог охочіше приймає безвадних бичків і ягнят, між ними бичок цінится вище. Для жертви за гріх священик повинен вибрати не будь-якого бичка, а безвадного бичка. У духовному сенсі це означає, що жертва не може приноситися без бажання або без радості. Кожна жертва повинна бути жертвою живою і святою.

2) Принесення жертви за гріх

Священик приводить бичка, приготованого для жертви

за гріх, до входу скинії заповіту перед ГОСПОДОМ; кладе на нього свою руку, вбиває його, бере трохи крові бичка і вносить у скинію заповіту, вмочує палець у кров і кропить сім разів перед ГОСПОДОМ перед завісою святині (Книга Левит 4:4-6). Покладання руки на голову бичка означає перекладання гріхів людини на тварину. Тоді як людина, яка згрішила, повинна померти, через покладання руки на голову жертви людина отримує прощення за свої гріхи, перекладаючи його гріхи на тварину, а потім її вбиваючи.

Потім священик повинен взяти трохи крові, вмочити палець у ту кров і покропити нею перед завісою святині. «Завіса святині» – це товсте покривало, яке відділяє святиню від Святого Святих. Звичайно, жертви приносяться не всередині святині, але на жертівнику у дворі храму. Однак священик входить у святиню з кров'ю жертви за гріх і кропить нею перед завісою святині, саме навпроти Святого Святих, де живе Бог.

Вмочання пальця у кров символізує прохання про прощення. Це означає, що людина кається не лише вустами або обітницями, але також має приносити плід покаяння, позбувшись гріха і зла. Палець вмочувався у кров, якою кропилося «сім разів». «Сім» – число бездоганності у духовному сенсі, означає, що людина повністю позбулася своїх гріхів. Людина може отримати повне прощення, лише повністю позбувшись своїх гріхів і коли вона більше не грішить.

Священик також дає трохи тієї з крові на роги

жертівника кадила пахощів перед ГОСПОДНІМ лицем, що він у скинії заповіту, а всю кров бичка виллє до підстави жертівника цілопалення, що при вході скинії заповіту (Книга Левит 4:7). Жертівник кадила пахощів, жертівник кадила, – це жертівник для спалювання фіміаму. Якщо фіміам горить, значить Бог прийняв жертву. Крім того, роги в Біблії означають царя, його поважність і владу. Вони означають Царя, нашого Бога (Об'явлення 5:6). Кропіння кров'ю на роги жертівника кадила пахощів служить знаком того, що жертва була прийнята Богом, нашим Царем.

Тож яким має бути наше каяття сьогодні, щоби його прийняв Бог? Раніше згадувалося про те, що гріха і зла позбувалися, коли обмокували палець у кров жертви за гріх і кропили нею. Після роздумів і покаяння ми повинні увійти у святиню і сповідатися у своїх гріхах у молитві. Так само, як кров жертви давалася на роги, щоби її прийняв Бог, ми повинні ставати перед Богом-Царем і приносити Йому молитву покаяння. Ми повинні приходити у святиню, ставати на коліна і молитися в ім'я Ісуса Христа у справах Святого Духа, Котрий дозволяє духу покаяння сходити на нас.

Це не означає, що ми повинні чекати, коли прийдемо у святиню для покаяння. У ту мить, коли ми дізналися про те, що вчинили неправду перед Богом, ми повинні негайно покаятися і відвернутися від свого минулого життя. Тут прихід у святиню стосується суботи, Дня Господнього.

Тоді як лише помазані священики могли спілкуватися з Богом у часи Старого заповіту, оскільки Святий Дух поселився у нашому серці, сьогодні ми можемо молитися Богові і мати безпосереднє і близьке спілкування з Богом у справах Святого Духа. Молитву покаяння також можна приносити на самоті у справах Святого Духа. Однак пам'ятайте, що всі молитви мають значення, коли святиться День Господній.

Людина, яка не святить День Господній, не має жодного доказу, що вона – дитина Божа у духовному розумінні і не може отримати прощення навіть якщо молиться молитвою покаяння. Бог не вагаючись приймає покаяння лише коли людина кається в особистій молитві, зрозумівши свої гріхи, але також коли вона офіційно кається у молитві у Божому храмі у День Господній.

Після того, як дають кров на роги жертівника кадила пахощів, всю кров виливають біля жертівника цілопалення. Це акт повної жертви Богові крові, яка є життям жертви, і у духовному сенсі означає наше покаяння повним серцем, яке присвятили Богові. Щоби отримати прощення у гріхах, вчинених перед Богом, ми повинні покаятися всім серцем, розумом, доклавши великих і щирих зусиль. Людина, яка щиро покаялася перед Богом, не наважиться вчиняти подібні гріхи знову перед Богом.

Священик відділяє від бичка, принесеного у жертву за гріх, весь лій і спалює у вогні жертівника цілопалення, виконуючи таку саме процедуру, як під час принесення мирної жертви, і виносить поза табір до місця висипання попелу і спалює шкіру і все тіло разом із головою, голінками і нутрощами (Книга Левит 4:8-12). «Спалення у вогні» означає, що в істині особисте «я» знищується, а виживає лише істина.

Саме як видаляється лій від мирної жертви, лій із жертви за гріх також видаляється, а потім приноситься у жертву у вогні на жертівнику. Принесення лою бичка у вогні на жертівнику говорить про те, що лише покаяння, принесене всім серцем, зможе прийняти Бог.

Тоді як всі частини жертви цілопалення були принесені у вогні на жертівнику, під час принесення жертви за гріх всі частини тіла окрім лою і нирок спалюються на дровах у вогні поза табором, де висипається попіл. Чому?

Оскільки цілопалення – це духовне служіння, призначене догодити Богові і досягти товариства з Ним, його приносять у вогні на жертівнику у храмі. Однак оскільки жертва за гріх має звільнити нас від нечистих гріхів, її не можна приносити у вогні на жертівнику всередині храму, але повністю спалити подалі від місця проживання людей.

Навіть у наш час ми повинні намагатися повністю позбутися гріхів, в яких ми покаялися перед Богом. Ми повинні спалити у палаючому вогні Святого Духу зухвалість, гордість, старого себе, коли ми жили у світі, справи гріховного тіла, які непристойні в очах Бога, та інші. Жертва, принесена у вогні, бичок, брав на себе гріхи людини, яка покладала руку на його голову. Тому з того моменту та людина повинна стати живою жертвою, яка догоджає Богові.

Тож що ми повинні для цього робити у наш час?

Духовне значення, який має бичок, приготований для жертви, та Ісус, Котрий загинув для того, щоби викупити нас від гріхів, ми пояснювали раніше. Отже якщо ми покаялися і принесли у вогні всі частини жертви, з того моменту, саме як жертва, принесена Богові, ми повинні змінитися так само, як наш Господь став жертвою за гріх. Старанно служачи членам церкви від імені нашого Господа, ми повинні дозволити віруючим перекласти свою ношу і дати їм лише істину і добро. Присвятивши себе служінню членами церкви і допомагаючи їм зрощувати їхнє серце-поле у сльозах, наполегливості і молитві, ми повинні перетворити наших братів і сестер на справжніх, освячених дітей Божих. Тоді Бог вважатиме покаяння справжнім і вестиме нас дорогою благословень.

Незважаючи на те, що не всі можуть бути служителями, як написано у 1 Посланні Петра 2:9: *«Але ви вибраний рід, священство царське, народ святий, люд власности Божої»*, всі, хто вірить в Господа, повинні стати бездоганними, як священики і стати справжніми Божими дітьми.

Крім того, жертва, яка принесена Богові, повинна супроводжуватися покаянням, коли ми спокутуємо свої гріхи. Люди, які глибоко шкодують і каються у своїх гріхах, звичайно приноситимуть пожертви. І якщо вони це робитимуть з таким серцем, це можна вважати повним покаянням перед Богом.

3. Жертва за гріх всієї громади

> *«А коли вся Ізраїлева громада помилково згрішить, і діло буде затаєне з очей зборів, і зроблять що проти якої зо всіх ГОСПОДНІХ заповідей, чого не можна робити, і завинять, а гріх буде пізнаний, що вони згрішили ним, то збори принесуть бичка, молоде з худоби великої, на жертву за гріх. І вони приведуть його перед скинію заповіту»* (Книга Левит 4:13-14).

У теперішньому розумінні «гріх усієї громади» означає гріх всієї церкви. Наприклад, бувають випадки, коли всередині церкви виникає розбрат між служителями, старшими, старшими дияконісами, що впливає на всю громаду. Коли починаються чвари і суперечки, тоді вся церква починає грішити, зводячи високу стіну гріха між собою і Богом, оскільки на більшість членів церкви впливають суперечки, вони говорять погано один про одного, або погано ставляться один до одного.

Бог говорив нам любити навіть своїх ворогів, служити іншим людям, приборкувати себе, бути у мирі з усіма і шукати святості. Бог дуже шкодує і засмучується, коли служителі Господа і їхня паства живуть у незгоді, або коли брати і сестри у Христі не погоджуються один з одним. Якщо таке трапляється у церкві, вона не отримає захисту від Бога; там не відбудеться відродження, лише труднощі спіткатимуть членів тієї церкви вдома і на роботі..

Як ми можемо отримати прощення за гріх всієї громади? Коли став відомий гріх всієї громади, це можна порівняти з приведенням бичка перед скинією заповіту. Старші кладуть руку на голову жертви, вбивають її перед ГОСПОДОМ і приносять жертву Богові так само, як жертву за гріх священика. Жертва для жертвоприношення за гріх священика і всієї громади однакова за цінністю. Це означає, що в очах Бога вага гріха, вчиненого священиком і всією громадою, однакова.

Однак, тоді як жертвою за гріх священика повинен бути безвадний бичок, жертвою за гріх всієї громади повинен бути будь-який бичок. Тому що всій громаді важко мати одне серце і приносити жертву з радістю і подякою.

Коли вся церква, яка зогрішила у наш час, бажає покаятися, можливо, що серед членів церкви будуть люди без віри, або люди, які не бажають каятися, тримаючи занепокоєння у своєму серці. Оскільки нелегко всій громаді принести безвадну жертву Богові, Він явив людям

Свою милість. Навіть якщо декілька людей не можуть принести жертву зі щирим серцем, коли більшість членів церкви каються і відвертаються від свого гріха, Бог прийме жертву за гріх і простить.

Оскільки не всі члени церкви можуть покласти свою руку на голову жертви, старші громади від імені всієї громади покладають руки, коли вся громада приносить Богові жертву за гріх.

Далі процедура схожа до процесу принесення жертви за гріх священика: обмочування пальця у кров жертви, кропіння сім разів перед завісою святині, давання крові на роги жертівника кадила пахощів до спалення всіх інших частин за межами табору. Духовне значення цих дій полягає у повному відкиданні гріха. Ми також повинні приносити молитву покаяння в ім'я Ісуса Христа і у справах Святого Духа у Божому храмі, щоби покаяння було офіційно прийнято. Після того, як вся громада таким чином покаялася в єдиному серці, гріх не повинен ніколи повторитися.

4. Жертва за гріх лідера

У Книзі Левит 4:22-24 читаємо:

«Коли згрішить начальник, і зробить що невмисне проти якої зо всіх заповідей ГОСПОДА,

Бога його, чого робити не можна, та й завинить, і буде пізнаний ним гріх його, що згрішив ним, то приведе він жертву свою безвадного козла, і покладе свою руку на голову того козла, та й заріже його в місці, де ріжеться цілопалення перед ГОСПОДНІМ лицем, він жертва за гріх».

Маючи нижче звання, ніж священики, «начальники» скеровують людей і, звичайно, відрізняються від звичайних людей. Тому лідери приносять Богові козлів. Вони менші, ніж бички, яких приносять священики, але більші, ніж кози, яких приносять у жертву звичайні люди у жертву за гріх.

Сучасною мовою «начальники» у церкві – це лідери малих груп та команд, або вчителі недільної школи. Лідери – це люди, які служать для управління членів церкви. На відміну від простих членів церкви або початківців у вірі вони були відділені для Бога, а відтак, навіть якщо ті самі гріхи були вчинені, лідери повинні приносити Богові більші плоди покаяння.

У минулому лідер покладав свою руку на голову безвадного козла і зарізав його перед Богом. Лідер отримує прощення, коли священик обмокує палець у кров, дає її на роги жертівника цілопалення, а кров, яка залишилася, виливає під жертівник цілопалення. Як і у випадку з мирною жертвою, лій жертви приноситься у вогні на жертівнику.

На відміну від священика лідер не кропить кров'ю жертви сім разів перед завісою святині. Своє покаяння від демонструє, коли дає кров на роги жертівника цілопалення, і Бог приймає його. Це тому, що міра віри священика відрізняється від міри віри лідера. Оскільки священик мав зовсім не грішити знову після покаяння, він повинен був покропити кров'ю жертви сім разів, що у духовному розумінні є числом бездоганності.

Однак лідер може ненавмисно згрішити знову, і тому він не повинен кропити кров'ю жертви сім разів. Це знак любові і милості Бога, Котрий бажає отримати покаяння від кожної людини відповідно до її рівня віри і дати їй спасіння. Досі під час розглядання жертви за гріх «священика» називають «служителем», «начальником», «робітником, який обіймає керівну посаду». Однак ці характеристики не обмежуються лише обов'язками у церкві, даними Богом, але також означають міру віри кожної віруючої людини.

Служитель повинен бути освячений вірою, йому мають доручити керувати паствою віруючих. Це нормально для віри людини, яка обіймає посаду керівника, лідера малої групи або команди, або вчителя недільної школи, мати інший рівень, ніж звичайний віруючий, незважаючи на те, що він ще не досяг бездоганної святості. Оскільки рівень віри служителя, лідера і звичайного віруючого відрізняється, значення гріха і рівень покаяння, якого чекає

Бог і який Він може прийняти, відрізняються, навіть якщо всі вони вчинили однаковий гріх.

Але це не означає, що віруючому дозволено думати так: «Оскільки моя віра ще не бездоганна, Бог дасть мені інший шанс навіть якщо я згрішу пізніше», і каятися з таким серцем. Прощення від Бога через покаяння не буде отримано, якщо людина свідомо і охоче грішить, але коли людина вчинила гріх несвідомо, а згодом зрозуміла, що згрішила, і відповідно шукає прощення. Крім того, відколи людина вчинила гріх і покаялася, Бог прийме покаяння лише коли вона зробить все можливе, щиро молитиметься про те, щоби ніколи знову не вчинити цей саме гріх.

5. Жертва за гріх звичайних людей

«Звичайні люди» – це люди малої віри, або звичайні члени церкви. Коли звичайні люди грішать, вони роблять це від малої віри, і тому вага їхньої жертви за гріх менша, ніж вага жертви священика або лідера. Звичайна людина повинна принести Богові у якості жертви за гріх козу, котра менш важлива, ніж безвадний козел. Так само, як у випадку з жертвою за гріх, яку приносять священик або лідер, священик повинен вмочити палець у крові жертви за гріх звичайної людини, дати її на роги жертівника цілопалення і вилити залишок крові біля жертівника.

Тоді як існує імовірність, що звичайна людина знову може згрішити пізніше через свою малу віру, якщо вона пошкодує про це і розірве своє серце у покаянні за вчинені гріхи, Бог явить співчуття і простить. Крім того, так само, як Бог наказав принести у жертву козу, ми можемо сказати, що гріхи, вчинені на цьому рівні, легше простити, ніж гріхи, за які приносяться у жертву бички і козли. Це не означає, що Бог дозволяє невелике покаяння, людина повинна щиро каятися перед Богом, вирішивши більше ніколи не грішити.

Коли людина, яка має малу віру, розуміє і кається у гріхах і докладає максимум зусиль, щоби більше не вчиняти такі саме гріхи, частота, з якою вони могли грішити, скоротиться з десяти до п'яти, або навіть трьох, а згодом людина зможе зовсім їх позбутися. Бог приймає покаяння, яке супроводжується плодами. Він не прийме покаяння навіть від новачка у вірі, якщо таке покаяння полягає лише у промовлянні слів губами, але при цьому серце залишається закритим.

Бог радітиме і любитиме нового віруючого, котрий одразу покається у своїх гріхах, коли він визнає їх і старанно їх позбудеться. Замість того, щоби запевняти себе: «На цьому ґрунтується моя віра, тому для мене цього достатньо», не лише у покаянні, але й у молитві, служінні та всіх інших аспектах християнського життя, коли людина намагається розширити межі своїх здібностей, вона відчує любов, що переливається через край, і благословення від

Бога.

Якщо людина не може дозволити собі принести у жертву козу, а приносить ягня, воно також повинно бути жіночого роду і безвадне (Книга Левит 4:32). Якщо хто неспроможний, то принесе у жертву двох горлиць або двох голубенят, а якщо він не спроможний, то принесе у жертву трохи пшеничної муки (Книга Левит 5:7, 11). Бог справедливості таким чином класифікував і прийняв жертви відповідно до міри віри кожної людини.

Тому ми маємо великі обговорення щодо того, як робити спокутування, як укладати мир з Богом, досліджуючи жертви за гріх, принесені Йому людьми, які обіймають різні посади і мають різні обов'язки. Сподіваюся, кожен читач укладе мир з Богом, постійно перевіряючи обов'язки, дані йому Богом і стан своєї віри, а також щиро покається у всіх гріхах і провинах, коли виявить стіну гріха на своєму шляху до Бога.

Розділ 7

Жертва провини

«Коли хто переступом спроневіриться,
і невмисне згрішить проти ГОСПОДНІХ святощів,
то він приведе жертву за провину свою до ГОСПОДА,
безвадного барана з дрібної худоби,
за твоєю оцінкою срібла шеклів,
на міру шеклем святині на жертву за провину».

Книга Левит 5:15

1. Значення жертви провини

Жертва провини приноситься Богові, щоби відшкодувати за вчинений гріх. Коли Божий народ грішить проти Нього, він повинен принести Йому жертву провини і покаятися перед Ним. В залежності від виду гріхів, людина, яка зогрішила, повинна не лише відвернути своє серце від гріховних шляхів, але також бути відповідальною за свої провини.

Наприклад, чоловік забрав у свого друга якусь річ, але випадково пошкодив її. Чоловік не може просто сказати: «Вибач». Він повинен не лише вибачитися, але також відшкодувати другові за ту річ. Якщо людина не може відшкодувати ціну тієї речі, яку пошкодив, він повинен заплатити своєму другові ту саме ціну, щоби покрити витрати. Це справжнє покаяння.

Принесення жертви провини означає укладання миру через повернення втраченого або взяття на себе відповідальності за провини. Те саме стосується покаяння перед Богом. Так само, як ми повинні відшкодувати збитки, яких завдали своїм братам і сестрам у Христі, ми повинні продемонструвати Йому вчинки належного покаяння після того, як ми зогрішили проти Нього, щоби наше покаяння було повним.

2. Умови і порядок принесення жертви провини

1) Після неправдивого свідчення

У Книзі Левит 5:1 написано: *«А коли хто згрішить: почує голос прокляття, і був свідком, або бачив, або знав, але не виявив, то понесе свою провину».* Є часи, коли люди, навіть коли вони поклялися говорити правду, свідчать неправдиво, коли вони наражають на небезпеку власні інтереси.

Наприклад, припустимо, ваша дитина вчинила злочин, але за це звинуватили невинну людину. Якби ви стали на місці свідка, чи змогли би ви сказати правду? Якщо ви нічого не скажете, захищаючи свою дитину, ви завдасте шкоди іншим, можливо, люди не дізнаються правди, але Бог наглядає за всім. Тому свідок має свідчити саме те, що він бачив або чув, щоби бути впевненим, що завдяки справедливому судовому слідству жодна людина не постраждає несправедливо.

Те саме відбувається у нашому повсякденному житті. Багато людей не можуть правильно передавати інформацію. Деякі люди свідчать неправдиво, вигадуючи історії, ніби вони бачили те, чого насправді не бачили. Відповідно то таких неправдивих свідчень невинні люди помилково обвинувачуються у злочинах, які вони не вчиняли, а отже несправедливо страждають. У Посланні Якова 4:17 написано: *«Отож, хто знає, як чинити добро, та не чинить, той має гріх!»* Божі діти, які знають істину, повинні розпізнавати все відповідно до неї і давати правдиві свідчення, щоби інші люди не постраждали і їм не було заподіяно шкоди.

Якщо доброта та істина оселилися у нашому серці, ми завжди будемо говорити правду. Ми не будемо говорити погано про людей, не будемо нікого звинувачувати, перекручувати правду, або давати недоречні відповіді. Якщо хтось зашкодив іншим, не освідчивши правду, коли то було необхідно, або свідчив неправду, він повинен принести Богові жертву за провину.

2) Після контакту з нечистими речами
У Книзі Левит 5:2-3 написано:

Або особа, що доторкнеться якої нечистої речі, або падла звірини нечистої, або падла худоби нечистої, або падла нечистого плазуючого, і буде це незнане їй, то вона нечиста й завинить; або коли доторкнеться нечистости людини, всякої нечистости її, що нею стане нечиста, і буде це незнане їй, а вона довідається, то завинить.

Тут «нечисті речі» у духовному сенсі означають неправдиву поведінку, яка протистоїть істині. Така поведінка включає у себе все побачене, почуте або сказане, а також те, що людина відчуває тілом і серцем. Існують речі, які ми не вважали гріховними до того, як дізналися істини.

Однак, після входу в істину, ми почали вважати ті саме речі непристойними з точки зору Бога. Наприклад, коли ми не знали Бога, ми могли зустрічатися із жорстокістю і такими непристойними речами, як порнографія, але не розуміли тоді, що то – бруд. Однак, розпочавши жити у Христі, ми дізналися про те, що ці речі протистоять істині. Відколи ми зрозуміли, що чинили неправду, ми повинні покаятися і принести Богові жертву за провину.

Навіть у нашому житті у Христі буває так, коли ми ненавмисно бачимо і чуємо щось погане. Було би добре, якби ми могли охороняти свої серця навіть після того, як побачили або почули щось погане. Однак, оскільки є імовірність, що віруюча людина не зможе охороняти своє серце, але прийме почуття, які супроводжують ті нечисті речі, вона повинна негайно покаятися, визнавши свій гріх і принісши Богові жертву провини.

3) Після присяги

У Книзі Левит 5:4 написано: *«Або коли хто присягне, вимовляючи нерозважно устами своїми, чинити зло або чинити добро, на все, що нерозважно вимовляє людина в присязі, і буде це незнане йому, а він довідається, що завинив одним із цих».*

Чому Бог забороняє нам клястися, давати обітниці або присягати? Звичайно, Бог заборонятиме нам клястися «чинити зло», але також Він забороняє нам клястися «чинити добро», тому що людина не може на 100%

дотримати своєї обітниці (Євангеліє від Матвія 5:33-37; Послання Якова 5:12). Доки людина не стала бездоганною відповідно до істини, її серце може гойдатися відповідно до її власної користі і почуттів, і вона може не дотримуватися своєї клятви. Крім того, бувають випадки, коли ворог, сатана і диявол, втручається у життя віруючих і заважає їм виконати клятви, таким чином, вони можуть створити підставу для звинувачення віруючих. Розглянемо один крайній випадок. Припустимо, хтось поклявся: «Я зроблю те і те завтра», але раптом сьогодні помер. Яким чином він виконає обіцянку?

Тому людина не повинна клястися чинити зло, і навіть якщо вона клянеться чинити добро, краще їй помолитися Богові і шукати сили. Наприклад, якщо людина поклялася постійно молитися, замість клятви: «Я щодня ходитиму на вечірні молитовні збори», вона повинна молитися так: «Боже, будь ласка, допоможи мені постійно молитися і охороняй мене від втручання ворога, сатани і диявола». Якщо людина поклялася необдумано, вона повинна покаятися і принести Богові жертву за провину.

Якщо хоча би в одному з трьох випадків, описаних вище, присутній гріх, людина повинна *Привести ГОСПОДЕВІ жертву за провину, за гріх свій, що згрішив, самицю з дрібної худоби, вівцю або козу на жертву за гріх, а священик очистить його від гріха його»* (Книга Левит 5:6).

Тут принесення жертви за провину необхідне разом з

поясненням жертви за провину. Тому що за гріхи, за які має бути принесена жертва провини, також необхідно приносити жертву за гріх. Жертва за гріх, як говорилося раніше, необхідна для покаяння перед Богом за гріх, щоби повністю відвернутися від гріха. Також говорилося про те, що людина повинна не лише відвернутися від шляху гріха, але також нести відповідальність, жертва за провину робить покаяння бездоганним, коли людина платить за збитки або пошкодження, або бере на себе відповідальність, виконуючи певні справи.

За таких обставин людина повинна не лише відшкодувати, але також принести Богові жертву за провину і жертву за гріх, а також покаятися перед Богом. Навіть якщо людина вчинила щось погане іншій людині, вчинивши гріх, який вона не повинна була робити як Боже дитя, вона повинна також покаятися перед своїм небесним Отцем.

Припустимо, чоловік обманув свою сестру і забрав її майно. Якщо брат хоче покаятися, він спочатку повинен розірвати своє серце у покаянні перед Богом, позбувшись жадібності і обману. Потім йому треба отримати прощення від своєї сестри, якій він вчинив зло. Він повинен не просто вибачитися вустами, але й відшкодувати збитки, які понесла сестра внаслідок його дій. Тут «жертва за гріх» – це акт повертання від гріховних справ і покаяння перед Богом, а «жертва за провину» – це акт покаяння, прохання прощення від сестри, а також повернення втраченого і відшкодування втрати.

У Книзі Левит 5:6 Бог наказує принести у жертву за гріх, а також у жертву за провину вівцю або козу. У наступному вірші ми читаємо, що людина, яка не може дозволити собі принести у жертву вівцю або козу, повинна принести дві горлиці або два голубенятка у жертву за провину. Зверніть увагу, що принести у жертву треба два птахи. Одного – у жертву за гріх, а другого – у жертву цілопалення.

Чому Бог наказав приносити двох горлиць або двох голубенят для цілопалення у той же час, що і жертву за гріх? Цілопалення означає святити День Господній. У духовному поклонінні – це жертва служіння, яку приносять Богові у неділю. Тому принесення у жертву двох горлиць або двох голубенят у жертву за гріх і для цілопалення говорить про те, що покаяння людини бездоганне, коли вона святить День Господній. Бездоганне покаяння вимагає не лише покаяння людини у момент її розуміння гріха, але також її визнання гріха і покаяння у Божому храмі у День Господній.

Якщо людина дуже бідна і не може принести у жертву навіть горлиць або голубенят, тоді вона повинна принести у жертву Богові десяту частину ефи (близько 22 літри) житньої муки. Жертвою за гріх повинна бути тварина, оскільки це жертва прощення. Але за Своєю милістю Бог дозволив бідним, які не могли принести у жертву тварин, приносити у жертву муку, щоби вони могли отримати прощення за свої гріхи.

Існує різниця між жертвою за гріх, принесеної у вигляді муки, і хлібною жертвою, виготовленою із муки. Тоді як хлібну жертву поливали олією і ладаном, щоби вона була запашною і виглядала багатше, до жертви за гріх не додавали олії або ладану. Чому? Спалення жертви спокути – це ніби спалення гріха.

Те, що до муки не додавалася олія і ладан, з духовної точки зору говорить про те, яке ставлення повинна мати людина, коли приходить каятися до Бога. У 1 Книзі Царів 21:27 написано про те, що коли цар Ахав покаявся перед Богом, він *«роздер шати свої, і зодягнув на тіло своє веретище, і постив, і лежав у веретищі, і ходив сумовито...»* Коли людина роздирає своє серце у покаянні, вона, звичайно, поводитиметься пристойно, володітиме собою і буде скромною. Вона буде обережною у словах і вчинках, а також являтиме Богу, як вона намагається стримувати себе.

4) Згрішивши проти святощів або спричинивши збитки братам у Христі

У Книзі Левит 5:15-16 читаємо:

Коли хто переступом спроневіриться, і невмисне згрішить проти ГОСПОДНІХ святощів, то він приведе жертву за провину свою до ГОСПОДА, безвадного барана з дрібної худоби, за твоєю оцінкою срібла шеклів, на міру шеклем святині на жертву за провину. А те, що згрішив проти святощів, поверне, і додасть до нього п'яту частину його священикові, а священик очистить його бараном жертви за гріх, і буде прощено йому.

«ГОСПОДНІ святощі» – це Божий храм, або всі речі, які у ньому знаходяться. Навіть служитель, або людина, яка принесла жертву, не може брати, користуватися або продати за власним бажанням будь-яку річ, яка була відділена для Бога, а отже вважається святою. Крім того, святими речами є не тільки «святі речі», а також весь храм. Храм – це місце, яке Бог відділив і де Він розмістив Своє ім'я.

Жодні земні або неправдиві слова не повинні вимовлятися у храмі. Віруючі батьки також повинні навчати своїх дітей, щоби вони не бігали і не гралися, не шуміли, не сміттіли і не робили безлад, не пошкоджували святі речі у храмі.

Якщо Божі святощі будуть випадково знищені, людина, яка це зробила, повинна відшкодувати збитки, придбавши ще кращу річ, без жодного недоліку. Крім того, повернення втраченого повинно бути не таким самим, не у такому ж розмірі, але необхідно додати «п'яту частину від її ціни», принісши жертву за провину. Бог наказав робити так, щоби нагадати нам діяти належним чином, і вміти володіти собою. Коли ми торкаємося святощів, ми повинні завжди бути обережними і стриманими, щоби вживати їх правильно і не пошкодити речі, які належать Богові. Якщо ми пошкодимо щось через необережність, ми повинні покаятися від щирого серця і повернути пошкоджене, віддавши ціннішу річ, або заплативши більшу ціну.

У Книзі Левит 6:2-5 розповідається про те, як людина може отримати прощення за гріхи, якщо вона обманула свого товариша щодо завдатку або у безпеці, або вкравши у нього щось, або якщо вона вимагала гроші у свого товариша, або знайшла втрачене, збрехала і свідчила неправду. Так треба каятися у гріхах, вчинених до того, як людина почала вірити в Бога, покаятися і отримати прощення, зрозумівши самостійно, що вона несвідомо забрала майно іншої людини.

Щоби спокутувати такі гріхи, необхідно повернути господарю не лише всі речі, але також «п'яту частину» ціни тих речей. Тут «п'ята частина» не обов'язково означає частину, визначену у цифрах. Це також означає, що людина повинна продемонструвати справи покаяння, яке має походити з глибини серця. Тоді Бог простить людині її гріхи. Наприклад, є часи, коли не всі гріхи минулого можливо особисто порахувати і точно відшкодувати. У такому випадку людина повинна демонструвати справи покаяння від цього моменту і надалі. Гроші, які людина заробила на роботі або у власній справі, вона може віддати для Божого царства або використати для фінансової допомоги бідним. Коли людина явить свої справи покаяння, Бог визнає її серце і простить їй гріхи.

Будь ласка, пам'ятайте, що покаяння – найважливіша складова частина жертви за провину або жертви за гріх. Бог бажає від нас не відгодованого теля, а зламаного духу (Книга Псалмів 50:18). Тому, поклоняючись Богові, ми повинні покаятися у гріхах і злі від щирого серця і приносити відповідні плоди. Сподіваюся, якщо ви поклонятиметесь Богові і будете жертвувати Йому так, як це Йому подобається. Ваше життя буде живою жертвою, яке догоджає Богові, ви завжди ходитимете у Його благословеннях і любові, що переливаються через край.

Розділ 8

Повіддавайте ваші тіла на жертву живу, святу

«Тож благаю вас, браття,
через Боже милосердя,
повіддавайте ваші тіла на жертву живу,
святу, приємну Богові,
як розумну службу вашу».

Послання до римлян 12:1

1. Тисяча цілопалень і благословень Соломона

Соломон вступив на престол у віці 20 років. З юнацтва його виховував пророк Натан у вірі. Він любив Бога і дотримувався законів свого батька, царя Давида. Після сходження на престол Соломон приніс Богові тисячу цілопалень.

Звичайно, принести тисячу цілопалень було нелегким завданням. Було багато обмежень щодо місця, часу, об'єму жертв, а також способів жертвоприношення у часи Старого Заповіту. Крім того, на відміну від звичайних людей, царю Соломону необхідно було більше місця, оскільки багато людей супроводжувало його і йому необхідно було принести більшу кількість жертв. У 2 Книзі хроніки 1:2-3 написано: *«І сказав Соломон до всього Ізраїля, до тисячників та сотників, і до суддів, і до всіх начальників, до всього Ізраїля, до голів батьківських родів. І пішли Соломон та весь збір із ним до пагірка, що в Гів'оні, бо там була скинія Божого заповіту, яку зробив Мойсей, раб ГОСПОДНІЙ, у пустині»*. Соломон пішов до Гів'ону, тому що там знаходилася скинія Божого заповіту, яку збудував Мойсей у пустелі.

Разом з усіма зборами Соломон прийшов туди перед «ГОСПОДНЄ лице на мідяний жертівник, що належав до скинії заповіту», і приніс на ньому тисячу цілопалень. Раніше ми розповідали про те, що цілопалення – це принесення жертви Богові пахощів від полум'я тваринної жертви. Оскільки Богові приноситься у жертву життя, це означає повну жертву і відданість.

У ту ніч Бог явився Соломонові уві сні і сказав: *«Зажадай, чого дати тобі!»* (2 Книга хроніки 1:7). Соломон відповів:

> *І сказав Соломон до Бога: Ти зробив був велику милість з батьком моїм Давидом, і настановив царем мене замість нього. Тепер, ГОСПОДИ, Боже, нехай буде виповнене слово Твоє до батька мого Давида, бо Ти настановив мене царем над народом численним, як порох землі. Дай тепер мені мудрість та знання, щоб умів я виходити й входити перед цим народом, бо хто зможе судити цей великий Твій народ?* (2 Книга хроніки 1:8-10)

Соломон не попросив скарбів, слави, смерті своїх ворогів або довгого життя собі. Він попросив лише про мудрість і знання, за допомогою яких він міг би добре управляти своїм народом. Богові сподобалася відповідь Соломона. І Він дав цареві не лише мудрість і знання, про які він просив, але також скарби, багатство, славу, про які цар не просив.

Бог сказав Соломону: *«То дасться тобі мудрість та знання, а багатство, і маєтки та славу Я дам тобі такі, яких не було між царями перед тобою, і по тобі не буде таких!»* (вірш 12)

Коли ми приносимо Богові духовне служіння поклоніння так, як подобається Йому, Він у відповідь благословить нас, щоби ми могли процвітати в усьому, мати міцне здоров'я і щоби добре велося душі нашій.

2. Від ери скинії до ери храму

Після об'єднання свого царства і встановлення стабільності, лише одне турбувало серце царя Давида, батька Соломона: Божий храм ще не було збудовано. Давид засмучувався, тому що Божий ковчег перебував за завісою скинії, тоді як сам він жив у палаці, збудованому із кедрового дерева. Він вирішив побудувати храм. Однак Бог не дозволив зробити цього, тому що Давид пролив надто багато крові у боях і був негідним для побудови святого Божого храму.

> *Та було про мене ГОСПОДНЄ слово, кажучи: Безліч крови пролив ти та війни великі провадив. Не збудуєш ти храма для Мого Ймення, бо багато крови пролив ти на землю перед лицем Моїм!* (1 Книга хроніки 22:8)

> *А Бог сказав мені: Ти не збудуєш храма для Мого*

Ймення, бо ти муж воєн і кров проливав (1 Книга хроніки 28:3).

Незважаючи на те, що цар Давид не міг втілити свою мрію про будівництво храму, він був вдячний Богові і корився Божому Слову. Він також приготував золото, срібло, мідь, коштовні камені і кедрові дерева – весь необхідний матеріал, щоби наступний цар, його син Соломон, зміг побудувати храм.

У четвертий рік перебування на престолі Соломон поклявся виконати Божу волю і побудувати храм. Він почав будівництво на горі Морійя в Єрусалимі і завершив його через сім років. Чотириста вісімдесят років після того, як народ Ізраїлю вийшов з Єгипту, будівництво Божого храму було завершено. Соломон вніс у храм ковчег свідоцтва (ковчег заповіту) та інші святині.

Коли священики принесли ковчег заповіту у Святеє Святих, Божа слава наповнила храм: *«І не могли священики стояти й служити через ту хмару, бо слава ГОСПОДНЯ наповнила ГОСПОДНІЙ храм!»* (1 Книга Царів 8:11). Так закінчилася ера скинії і почалася ера храму.

У своїй молитві, коли Соломон передав храм Богові, він попросив Бога простити Свій народ, коли люди щиро молитимуться на цьому місці після того, як їх спіткали страждання за їхні гріхи.

І Ти будеш прислухатися до благання Свого раба, та Свого народу, Ізраїля, що будуть молитися на цьому місці. А Ти почуєш на місці Свого пробування, на небесах, і почуєш, і простиш (1 Книга Царів 8:30).

Оскільки цар Соломон добре знав, як будівництво храму подобається Богові, як воно стало благословенням для народу, він сміливо попросив Бога про свій народ. Почувши молитву царя, Бог відповів:

Вислухав Я молитви твої та благання твої, якими благав ти перед лицем Моїм, Я освятив той храм, що ти збудував, щоб покласти Ім'я Моє там аж навіки. І будуть там Мої очі та серце Моє по всі дні (1 Книга Царів 9:3).

Тому коли сьогодні людина поклоняється Богові всім серцем, розумом і відвертістю у святому храмі, де живе Бог, Бог привітає її і виконає бажання серця людини.

3. Тілесне поклоніння і духовне поклоніння

Із Біблії ми дізнаємося про те, що існують види служіння, які Бог не приймає. В залежності від серця, з яким виконується служіння. Є духовні служіння, які приймає Бог, а також тілесні служіння, які відкидає Бог.

Адама і Єву було вигнано з еденського раю через їхню непокору. У Книзі Буття 4 ми читаємо про їхніх двох синів: старшого сина, Каїна, і молодшого, Авеля, котрі принесли жертву Богові. Каїн був землеробом і приніс жертву *«від плоду землі»* (вірш 3), а Авель *«також приніс від своїх первородних з отари та від їхнього лою»* (вірш 4). У свою чергу *«зглянувся Господь на Авеля й на жертву його, а на Каїна й на жертву його не зглянувся»* (вірші 4-5).

Чому Бог не прийняв жертву Каїна? У Посланні до євреїв 9:22 на читаємо про те, що всі жертви, принесені Богові, повинні бути жертвами крові, бо майже все за законом кров'ю очищується. Тому у часи Старого Заповіту у жертву приносили тварин, бичків, ягнят, доки Ісус, Агнець Божий, не став жертвою спокути, проливши Свою кров у часи Нового Заповіту.

У Посланні до євреїв 11:4 написано: *«Вірою Авель приніс Богові жертву кращу, як Каїн; нею засвідчений був, що він праведний, як Бог свідчив про дари його; нею, і вмерши, він ще промовляє»*. Інакше кажучи, Бог прийняв жертву Авеля, тому що він приніс жертву крові Богові відповідно до Його волі, але не прийняв жертву Каїна, яка не відповідала Божій волі.

У Книзі Левит 10:1-2 ми читаємо про Надава і Авігу, які *«принесли перед ГОСПОДНЄ лице чужий огонь, якого Він не наказав був приносити їм»*, і їх спалив вогонь, який *«вийшов від лиця ГОСПОДНЬОГО»*. Ми також читаємо у 1 Книзі Самуїловій 13 про те, як Бог залишив царя Саула після того, як він вчинив гріх, виконавши обов'язок пророка Самуїла замість нього. До битви з филистимлянами цар Саул приніс жертву Богові, коли пророк Самуїл не прийшов на умовлений час тих днів. Коли Самуїл прийшов, після того, як Саул приніс жертву, Саул виправдовувався, пояснюючи пророку, що він без бажання приніс жертву, тому що народ почав розбігатися від нього. Тоді Самуїл докорив Саулу, промовивши: «Ти зробив нерозумне». Він сказав царю, що Бог залишив його.

У Книзі пророка Малахії 1:6-10 Бог докоряє дітям Ізраїлю за те, що вони не принесли у жертву Богові краще, що мали, але принесли у жертву те, що було їм непотрібне. Бог говорить, що Він не прийме поклоніння, яке виконується лише для задоволення релігійних формальностей, у якому немає серця народу. Сучасною мовою це означає, що Бог не прийме тілесне богослужіння.

В Євангелії від Івана 4:23-24 розповідається про те, що Бог охоче приймає духовне служіння, яке люди готують для Нього в дусі та правді, а також благословляє людей, щоби досягти правди, милості і віри. В Євангелії від Матвія 15:7-9 і 23:13-18 ми читаємо про те, як Ісус докоряв книжникам і фарисеям, котрі суворо дотримувалися людських традицій, але чиє серце не поклонялося Богові в істині. Бог не приймає богослужіння, яке люди виконують довільно.

Поклоніння повинно проходити відповідно до

законів, які встановив Бог. Саме цим християнство чітко відрізняється від інших релігій, чиї прихильники проводять богослужіння щоби задовольнити свої потреби і проводять його так, як їм подобається. З однієї сторони, тілесне служіння безглузде, тому що людина просто приходить у храм і бере участь у богослужінні. З іншої сторони, духовне служіння – це акт палкого кохання від щирого серця і участь у богослужінні у дусі та правді Божих дітей, які люблять свого небесного Батька. По суті, навіть якщо двоє людей зберуться разом у той же самий час у тому самому місці, дивлячись на серце кожного, Бог може прийняти поклоніння однієї людини і не прийняти поклоніння іншої. Навіть якщо люди приходять у храм і поклоняються Богові, це буде марно, якщо Бог скаже: «Я не приймаю твого поклоніння».

4. Повіддавайте ваші тіла на жертву живу, святу

Якщо ціллю нашого існування є збільшувати Бога, тоді богослужіння повинно бути центром нашого життя і ми повинні щохвилини поклонятися Йому. Жива і свята жертва, яку приймає Бог, поклоніння в дусі та правді, не виконується, якщо ви лише ходите на богослужіння у неділю один раз на тиждень, а самі живете як бажаєте з понеділка по суботу. Ми були покликані поклонятися Богові в усі часи і в усіх місцях.

Якщо ви ходите у церкву на богослужіння, ви подовжуєте життя служіння. Оскільки будь-яке богослужіння, яке відокремлене від життя людини, не може бути справжнім, життя віруючої людини взагалі повинно бути життям духовного служіння Богові. Ми не повинні лише готувати прекрасне служіння у храмі відповідно до належних процедур, але повинні також жити святим і непорочним життям, виконуючи всі Божі закони у повсякденному житті.

У Посланні римлянам 12:1 написано: *«Тож благаю вас, браття, через Боже милосердя, повіддавайте ваші тіла на жертву живу, святу, приємну Богові, як розумну службу вашу»*. Саме як Ісус спас все людство, віддавши Своє тіло у жертву, Бог бажає, щоби ми також віддали свої тіла на жертву живу, святу.

Окрім видимої будівлі храму, оскільки Святий Дух, Котрий єдиний з Богом, живе у нашому серці, кожен з нас також став Божим храмом (1 Послання до коринтян 6:19-20). Ми повинні відновлюватися щодня в істині і охороняти себе, щоби бути святими. Коли ми маємо у своєму серці багато Слова, молитви і прославляння, і коли ми все робимо у своєму житті, маючи серце, яке поклоняється Богові, ми віддамо свої тіла на жертву живу і святу, що догоджає Богові.

Перед тим, як я зустрів Бога, я хворів кількома хворобами. Багато днів я провів у безнадії і розпачі.

Провівши сім років у ліжку, я мав величезний борг за медичне обслуговування і за ліки. Я жив у злиднях. Однак все змінилося, коли я зустрів Бога. Він відразу зцілив мене від усіх хвороб, і я почав жити по-новому.

Вражений благодаттю Бога, я полюбив Його понад усе. У День Господній я прокидався на світанку, купався і одягав чисту спідню білизну. Навіть якщо я недовго носив пару шкарпеток у суботу, я ніколи не одягав ту саме пару у церкву наступного дня. Я також одягав охайний, найчистіший одяг.

Це не означає, що віруючі люди повинні виглядати модно, коли йдуть на богослужіння. Якщо віруюча людина дійсно вірить в Бога і любить Його, звичайним буде, якщо вона ретельно готуватиметься до зустрічі з Богом, щоби збільшити Його славу. Навіть якщо обставини людини не дозволяють їй придбати певний одяг, кожна людина може підготувати одяг і виглядати так, як дозволяють їй можливості.

Я завжди стежу за тим, щоби давати пожертвування новими банкнотами. Коли мені трапляються нові хрусткі банкноти, я відкладаю їх для пожертвування. Навіть у крайніх випадках я не чіпаю грошей, які відклав для пожертвування. Нам відомо, що навіть у часи Старого Заповіту, коли існували різні рівні в залежності від обставин кожної людини, всі віруючі готували жертву, коли йшли до священика. Про це Бог чітко навчає нас у Книзі

Вихід 34:20: *«І не будуть являтися перед обличчя Моє з порожньою рукою»*.

Як я навчився у діяча духовного відродження, я завжди слідкував за тим, щоби на кожне богослужіння мати велику або малу пожертву. Незважаючи на те, що наш із дружиною дохід ледь міг покрити проценти по кредиту, ми жодного разу не давали неохоче або значно менше шкодували після пожертвування. Як ми могли шкодувати, коли наші пожертвування використовувалися для спасіння душ, для Божого царства і для досягнення Його правди?

Помітивши нашу відданість, у час вибору Бог благословив нас виплатити весь величезний борг. Я почав молитися Богові, щоби Він зробив мене гарним старшим, котрий міг би фінансово допомагати бідним, піклуватися про сиріт, вдів і хворих. Однак Бог несподівано покликав мене бути служителем і направив мене керувати величезною церквою, яка спасає незліченну кількість душ. Незважаючи на те, що я не став старшим, я можу допомагати великій кількості людей, я отримав Божу силу, за допомогою якої я можу зціляти хворих, тобто це набагато більше, ніж про що я просив у молитві.

5. «Поки образ Христа не відіб'ється в вас»

Так само, як батьки посилено трудяться як тільки можуть, щоби виховати своїх дітей, ще більше праці, наполегливості і жертв необхідно для того, щоби привести душі до істини. Про це апостол Павло говорить у Посланні до галатів 4:19: *«Дітки мої, я знову для вас терплю муки породу, поки образ Христа не відіб'ється в вас!»*

Знаючи серце Бога, Котрий вважає кожну душу дорогоціннішою, ніж будь-що у всесвіті, і бажає, щоби всі люди отримали спасіння, я також докладаю всіх зусиль, щоби привести кожну душу до шляху спасіння і ввести у Новий Єрусалим. Намагаючись наблизити рівень віри членів церкви до *«міри зросту Христової повноти»* (Послання до ефесян 4:13). У кожну хвилину, коли я міг знайти можливість, я молився і готував проповіді. Тоді як були часи, коли мені дуже хотілося посидіти разом з членами церкви за дружньою розмовою, як пастир, який несе відповідальність за те, щоби вести свою паству правильним шляхом, я навчився володіти собою і виконувати обов'язки, дані мені Богом.

Я маю два бажання щодо кожної віруючої особи. По-перше, я би дуже хотів, щоби велика кількість віруючих не просто отримали спасіння, але жили у Новому Єрусалимі, прекраснішому місці на небесах. По-друге, я би дуже хотів, щоби усі віруючі уникли бідності і жили у добробуті. Оскільки церква зазнає відродження і збільшується чисельно, збільшується також кількість людей, яким надається фінансова допомого і які отримують зцілення. Говорячи мирською мовою, це нелегке завдання – помічати потреби інших людей і діяти відповідно до потреб кожного члена церкви.

Я відчуваю найбільший тягар, коли віруючі грішать. Тому що я знаю, що коли віруюча людина грішить, вона розуміє, що віддаляє себе від Нового Єрусалиму. У найгірших випадках така особа навіть може зрозуміти, що не отримає спасіння. Віруюча людина може отримати відповіді, а також духовне або фізичне зцілення лише після того, як зруйнує стіну гріха між собою і Богом. Звертаючись до Бога від імені віруючих, які вчинили гріх, я не міг спати, бився у судомах, плакав і втрачав дуже багато енергії, проводячи незліченну кількість годин і днів у пості і молитві.

Прийнявши ці жертви з приводу незліченної кількості випадків, Бог являв Свою благодать людям, навіть тим, які були недостойні спасіння, даруючи їм дух покаяння, щоби вони могли покаятися і отримати спасіння. Бог також розширив двері спасіння, так що безліч людей в усьому світі змогли прийти і почути Євангеліє святості і побачити прояв Його сили.

Щоразу, коли я бачу багато віруючих, які зростають в істині, для мене це найбільша винагорода як для пастора. Так само бездоганний Господь віддав Себе Богові на приємні пахощі (Послання до ефесян 5:2). Я також йду вперед, віддаючи кожний аспект свого життя на живу і святу жертву Богові для Його царства і для спасіння душ.

Коли діти вітають своїх батьків на День матері або на День батька («День батьків» у Кореї), вшановують їх, роблячи знаки подяки, батьки не можуть бути щасливішими. Навіть якщо батькам не подобаються знаки подяки, їм все рівно приємно, тому що це зробили їхні діти. Так само, коли Божі діти готують богослужіння для Нього, докладаючи великих зусиль, роблячи це з любов'ю до свого небесного Батька, Він задоволений і благословляє їх.

Звичайно, віруючі не повинні жити як їм заманеться протягом всього тижня і показувати свою відданість лише у неділю! Як Ісус говорить а Євангелії від Луки 10:27, віруюча людина повинна любити Бога всім серцем своїм, всією душею, всією силою, і всім розумом, і віддавати себе на жертву живу, святу кожен день свого життя. Поклоняючись Богові у дусі та правді і приносячи Йому приємні пахощі свого серця, нехай кожен з читачів у повній мірі насолоджується всіма благословеннями, які приготував для нього Бог.

Автор:
Доктор Джерок Лі

Доктор Джерок Лі народився у 1943 році у Муані, провінція Джеоннам, Республіка Корея. До тридцяти років на протязі семи років доктор Лі страждав від невиліковних хвороб і мав померти, не маючи надії на одужання. Одного дня навесні 1974 року його сестра привела його до церкви. І коли він став на коліна і помолився Богові, Бог зцілив його від усіх хвороб.

З того моменту, коли доктор Лі пізнав живого Бога через такий чудовий випадок, він щиро полюбив Бога усім серцем. А у 1978 році Бог покликав його на служіння. Джерок Лі палко молився про те, щоби ясно зрозуміти волю Бога та повністю виконати її. У 1982 році він заснував Центральну Церков Манмін у Сеулі, Південна Корея, а також почав виконувати численні Божі справи. У церкві почали відбуватися чудесні зцілення і дива.

У 1986 році доктор Лі отримав духовний сан пастора Щорічної асамблеї християнської церкви Сункюл, Корея. А через чотири роки, у 1990 році, його проповіді почали транслюватися в Австралії, Росії і на Філіпінах. Через деякий час ще більше країн отримали змогу чути радіопрограми завдяки роботі Радіотрансляційної кампанії Далекого Сходу, Широкомовної станції Азії та Християнського радіо мережі Вашингтон.

Через три роки, у 1993, журнал *Християнський світ* (США) оголосив Центральну Церкву Манмін однією з «50 найбільших церков світу». Доктор Лі отримав почесний ступінь доктора богослов'я у Коледжі Християнської віри, Флоріда, США. А у 1996 році – ступінь доктора духівництва у Теологічній семінарії Кінгсвей, Айова, США.

З 1993 року доктор Лі керує всесвітньою місією, проводить багато кампаній у Танзанії, Аргентині, Латинській Америці, Місті Балтимор, на Гавайях, у місті Нью-Йорк (США), в Уганді, Японії, Пакистані, Кенії, на Філіппінах, у Гондурасі, Індії, Росії, Німеччині, Перу, Демократичній Республіці Конго, Ізраїлі та Естонії.

У 2002 найбільша християнська газета Кореї назвала Джерок Лі «Всесвітнім пастором» за його роботу у багатьох великий об'єднаних кампаніях, що проводилися за кордоном. Особливо його «Кампанія Нью-Йорк 2006», яка проводилася у Медісон Сквер Гарден, найвідомішій у світі арені, транслювалася для 220 країн світу. Під час «Ізраїльської об'єднаної кампанії 2009», яка проводилася у Міжнародному Центрі Конвенцій в Ізраїлі, доктор Лі сміливо проголосив Ісуса Христа Месією і Спасителем.

Його проповіді транслюються у 176 країнах світу через супутники, у тому числі телебачення ВМХ. Також доктор Джерок Лі потрапив у десятку найвпливовіших християнських лідерів 2009 і 2010 років за версією найпопулярнішого російського журналу *«Ін Вікторі»* і нового агентства *«Крістіан Телеграф»* за його могутнє телевізійне служіння і пасторське служіння за кордоном.

З Лютий 2017 року Центральна Церква Манмін налічує більше 120 000 членів. Вона має 11 000 церков-філій в усьому світі, у тому числі 56 домашніх церков-філій, також відправила більше 102 місіонерів у 23 країни світу, у тому числі США, Росію, Німеччину, Канаду, Японію, Китай, Францію, Індію, Кенію та багато інших.

На момент виходу цієї книжки доктор Лі написав 106 книжок, серед яких є бестселери: *«ВІДчути ВІЧне Життя до СмертІ»*, *«МоЄ Життя, Моя ВІРа І і ІІ»*, *«Слово про Хрест»*, *«Міра Віри»*, *«Небеса І і ІІ»*, *«Пекло»*, *«Пробудження Ізраїлю»* і *«Сила Бога»*. Його роботи були перекладені більш ніж на 75 мов.

Його статті друкуються на шпальтах видань: *«Ганкук Ілбо»*, *«ДжунАн Дейлі»*, *«Чосун Ілбо»*, *«Дон-А Ілбо»*, *«Сеул Шінмун»*, *«Кунгуан Шінмун»*, *«Економічна щоденна газета Кореї»*, *«Вісник Кореї»*, *«Шіса Ньюс»* та *«Християнська газета»*.

Доктор Лі є головою багатьох місіонерських організацій та об'єднань. Він – голова Об'єднаної церкви святості Ісуса Христа; незмінний президент Асоціації всесвітньої місії християнського відродження; засновник і голова правління Всесвітньої християнської мережі (ВХМ); засновник і голова правління Всесвітньої мережі християн-лікарів (ВМХЛ); а також засновник і голова правління Міжнародної семінарії Манмін (МСМ).

Інші відомі книжки автора

Небеса I і II

Детальна розповідь про розкішне оточення, в якому житимуть небесні мешканці, а також прекрасний опис різних рівнів небесних царств.

Слово про Хрест

Сильна проповідь пробудження про всіх людей, які перебувають у духовному сні. Із цієї книги ви дізнаєтся про те, чому Ісус – Єдиний Спаситель, а також про істинну Божу любов.

Пекло

Відкрите послання Бога всьому людству. Він бажає, щоби жодна людина не потрапила у пекло. Ви дізнаєтся про досі невідомі думки щодо жорстокої дійсності Гадесу та пекла.

Дух, Душа і Тіло I і II

Посібник, який дає нам духовне розуміння духу, душі і тіла, і допомагає нам дізнатися про те, яке «я» ми створили, так щоби отримати силу перемогти темряву і стати людиною духу.

Міра Віри

Які оселі, вінці та нагороди приготовані для вас на небесах? Ця книга додасть вам мудрості і скерує вас, щоби ви виміряли свою віру, розвивали і вдосконалювали її.

Пробудження Ізраїлю

Чому Бог споглядав за Ізраїлем з самого початку і до теперішніх часів? Яке провидіння було приготоване в останні дні для Ізраїльського народу, який досі чекає на Месію?

Моє Життя, Моя Віра I і II

Автобіографія доктора Джерок Лі дозволяє читачам відчути найприємніший духовний аромат, розповідаючи про життя, що цвіте надмірною любов'ю до Бога посеред чорних хвиль, холодного ярма і найглибшого розпачу.

Сила Бога

Книга, яку бажано прочитати всім. Ця книга – важливий провідник, завдяки якому кожен може оволодіти істинною вірою і відчути дивовижну силу Бога.

www.urimbooks.com

www.ingramcontent.com/pod-product-compliance
Lightning Source LLC
LaVergne TN
LVHW041814060526
838201LV00046B/1261